丛书主编

王大明　刘兵　李斌

编委会成员

（按姓氏音序排列）

陈印政　柯遵科　李斌

李思琪　刘兵　曲德腾

孙丽伟　王大明　吴培熠

杨可鑫　杨枭　张前进

丹心百炼在融通

中华科技英才 Ⅲ

陈印政 编

中原出版传媒集团
中原传媒股份公司

大象出版社
·郑州·

图书在版编目（CIP）数据

丹心百炼在融通：中华科技英才. Ⅲ／陈印政编. — 郑州：大象出版社, 2021. 6（2024. 1重印）
（中外科学家传记丛书／王大明, 刘兵, 李斌主编）
ISBN 978-7-5711-0874-8

Ⅰ. ①丹… Ⅱ. ①陈… Ⅲ. ①科学家-列传-中国-现代 Ⅳ. ①K826. 1

中国版本图书馆 CIP 数据核字（2020）第 248776 号

中外科学家传记丛书

丹心百炼在融通　中华科技英才Ⅲ

DANXIN BAILIAN ZAI RONGTONG　ZHONGHUA KEJI YINGCAI Ⅲ

陈印政　编

出 版 人	汪林中
项目策划	刘　兵　李光洁
项目统筹	成　艳　陶　慧　王曼青
责任编辑	王曼青
责任校对	任瑾璐
装帧设计	王莉娟

出版发行	大象出版社（郑州市郑东新区祥盛街 27 号　邮政编码 450016）
	发行科　0371-63863551　总编室　0371-65597936
网　　址	www.daxiang.cn
印　　刷	河南瑞之光印刷股份有限公司
经　　销	各地新华书店经销
开　　本	890 mm×1240 mm　1/32
印　　张	6.75
字　　数	140 千字
版　　次	2021 年 6 月第 1 版　2024 年 1 月第 2 次印刷
定　　价	25.00 元

若发现印、装质量问题，影响阅读，请与承印厂联系调换。
印厂地址　武陟县产业集聚区东区（詹店镇）泰安路与昌平路交叉口
邮政编码　454950　　　　电话　0371-63956290

总　序

马克思和恩格斯合写于19世纪40年代的《共产党宣言》中，曾有这样一段生动的描述："自然力的征服，机器的采用，化学在工业和农业中的应用，轮船的行驶，铁路的通行，电报的使用，整个整个大陆的开垦，河川的通航，仿佛用法术从地下呼唤出来的大量人口——过去哪一个世纪料想到在社会劳动里蕴藏有这样的生产力呢？"马克思和恩格斯说的那一切，还不过是19世纪的景况。到了21世纪的今天，随着核能、电子、生物、信息、人工智能等各种前人闻所未闻的科学技术的飞速发展，人类社会面貌进一步发生了翻天覆地的甚至马克思那个年代都无法想象的巨变。造成所有这一切改变的最根本原因，毫无疑问，就是科学技术。而几百年来，推动科学技术发展的直接力量，就是一大批科学家和技术专家。

中国是这几百年来世界科学技术革命和现代化的后知后觉者，从16世纪末期最初接触近代自然科学又浅尝辄止，到19世纪中期晚清时代坚船利炮威胁下的西学东渐，再到20世纪初期对"德先生"和"赛先生"的热切呼唤，经过几百年的尝试，特别是近几十年的努力，已逐渐赶上世界发展的潮流，甚至最近还有后来者居上的势头。例如，中国目前不但在经济总量上居于世界第二的地位，而且在科学研究的多个前沿领域也已经名列国际前茅。最可贵的是，中国已经形成了一支人数众多、质量上乘的科研队伍。

利用科学技术来推动社会经济的发展，中国已经尝到了巨大甜头，科学技术是第一生产力的观点深入人心。从政府到民间，大家普遍关心如何进一步落实科教兴国战略、推动创新促进发展，使中国在科技创新方面更具竞争优势，培养和造就出更多的科技创新人才，使中国在现代化道路上能走得更长远、更健康。

为实现上述目标，一方面需要提高专业科学研究队伍的水平，发扬理性思考、刻苦钻研、求真求实、勇于创新的科学精神；另一方面也需要增强和培育整个社会的公众科学素养，造就学科学、爱科学，支持创新、尊重人才的文化氛围。这套"中外科学家传记丛书"的编辑和出版，就是出于这样的考虑。

通过阅读和学习科学家传记，一是可以更深刻地理解科学家们特别是那些在重大历史转折关头做出了伟大贡献的科学家的科学思想和创新方法，二是可以更鲜活地了解到科学家们的科学精神和品格作风，三是可以从科学家们的各种成长经历中得到启发。

本丛书所收录的200多位中外著名科学家（个别其他学者）的传记，全部都来自中国科学院1979年创刊的《自然辩证法通讯》杂志。该杂志从创刊伊始就设立了一个科学家人物评传的固定栏目，迄今已逾四十年，先后刊登了200多篇古今中外科学家的传记，其中包括文艺复兴时期的欧洲科学家、远渡重洋将最初的西方近代科学知识带到中国的欧洲传教士，当然大部分都是现代科学家，例如数学领域的希尔伯特、哈代、陈省身、吴文俊等，物理学领域的玻尔、普朗克、薛定谔、海森伯、钱三强、束星北、王淦昌等，以及天文学、地学、生物学、计算机科学和若干工程领域的科学家。值得指出的是，这些传记文章的作者，大都是在相关领域学有专长的专家学者。例如：写过多篇数学家传记的胡作玄先生，是中国科学院原系统科学研究所的研究员；写过多篇物理学家传记的戈革先生，是中国石油大学的物理学教授；此外还有北京大学、清华大学、上海交通大学、中国科技大学等多所国内著名大学的教授，以及中国科学院、中国医学科学院和中国科技协会等研究机构的专家。所以，这些传记文章从专业和普及两个角度看，其数量之多、涉及领域之广、内容质量之上乘、可读性之强，在国内的中外科学家群体传记中都可以说是无出其右者。

考虑到读者对象的广泛性，本丛书对原刊物传记文章进行了重新整理编辑，主要集中在如下几个方面：一是在总体设计上，丛书共分 30 册，每册收录 8 个人物传记；二是基本按照学科领域来划分各个分册；三是每分册中的人物大致参考历史顺序或学术地位来编排；四是为照顾阅读的连续性，将原刊物文章中的所有参考资料一律转移到每分册的最后，并增加人名对照表。

当前，中国正处在从制造大国向创造大国转变、急需更多科技创新和科技人才的重要历史时刻，希望本丛书的出版对于实现这个伟大目标有所裨益，也希望对广大青少年和其他读者的学习生活有所帮助。

目 录

001
卢嘉锡　集科学家、教育家与科学管理于一身的实践家

033
唐敖庆　中国理论化学学派的缔造者

057
钱临照　新中国科学事业的铺路者

087
李薰　丹心百炼钢

107
徐光宪　中国理论化学的奠基人之一

129
申泮文　我国氢化学的开拓者

147
罗沛霖　中国技术科学思想的奠基者

173
叶培大　中国微波通信与光纤通信事业的开拓者

193
参考资料

200
人名对照表

卢嘉锡

集科学家、教育家与科学管理于一身的实践家

卢嘉锡

(1915—2001)

卢嘉锡先生是中国现代著名的科学家、教育家和社会活动家。他读万卷书，行万里路，文理兼容，学贯中西，才思敏捷，治学严谨，勇于创新，教泽广被，不愧为一代宗师。他胸装科学人文思想，心怀赤诚爱国之情，其博大胸怀、人格魅力，无不令人缅怀追忆。

一、书香门第，家学自有渊源

卢嘉锡的祖籍是福建省永定县坎市乡，世代为农。为了改变山区贫困生活，他的五世祖弃农经商，只身由汀（汀洲）永（永定）莅台（台湾）并成家立业；由于经营有方，家道渐趋殷实，转而重视子女教育；到了他的曾祖父这一代，卢家就成为颇有名望的诗书之家了。他的祖父（杏堂）生前曾任云林县督学（相当于现在的教育局局长）。

1895年甲午中日战争结束后，清政府把台湾割让给日本，一些不堪忍受异族欺凌与压迫却又无力扭转乾坤的知识分子率先携眷离台，回归祖国。年过古稀、为人正直又颇有见识的曾祖父立轩老人就率领他的长房长孙和新婚的孙媳妇（卢嘉锡的父亲卢东启和母亲郭莞卿）这一房来到隔海相望的厦门定居下来。

在闽南一带，大凡不同宗族都有自己的灯号，立轩老人也为迁居厦门后的卢氏家族取了灯号叫"留种园"。作为谋生手段，他重操旧业，在家设塾授课，塾名就称"留种园"。不久老人辞世，东启就承继祖父业，也当起了私塾老师。1915年10月26日，一个小生命就降生在这清贫的塾师家中。年届不惑之年的东启先生，大儿子雨亭已12岁，但相继的两个女儿先后夭折，而今添了第二个儿子，全家欣喜异常。由于孩子生就一副虎头虎脑的模样，父亲就给他起个小名叫"狮仔"。自他学会走路，经常回旋于父母周际，父亲的书房和书斋堂里那琅琅的读书声和古色古香的经书卷帙让他觉得有趣喜欢。就在3岁多的某一天，他突然对父亲说："爹，我也要念书！"3岁多的孩子就急欲读书，为父者闻此欣喜异常，他断定此儿必是可造之才，是卢家希望所在。大约四五岁时，父亲就决意把"狮仔"收为入门弟子，并给他取了正式名字——嘉锡，取自《书经》中"嘉天之锡"这句话，意即感谢上天的赏赐。

面容清癯、神情严肃，身材不高、衣着朴素的卢东启先生和他的"留种园"书斋，在厦门名闻遐迩。许多官宦之家和名门望族都喜欢把子女或亲属送到他的门下。东启先生每次给学生上新课时，总是先嘱咐大家把书翻到某一页，接着由他带读，他念一句，学生们跟一句。随着他那铿锵有力、抑扬顿挫的朗读和精到的讲解，每个学生都聚精会神，不敢懈怠。有时吟诵到激昂时，老先生还会摇头晃脑起来，而学生也会产生由衷的共鸣。

卢东启对儿子的要求更加严格，不因他年纪小而稍有宽容。老先生在书斋里经常叫他背诵文章并提问，检查他对文章的理解程度，一旦发现错误，就沉下脸来说："不对，不对！"随后指出错误所在，并根据错误大小加以批评或处罚。每当出现较严重错误时，父亲就叫他伸出手来，用戒尺打手心。在父亲的严格教导下，卢嘉锡不仅书念得好，而且练就一手清秀工整的毛笔字。卢嘉锡后来回忆说："旧式教育中打手心的做法并不得当，挨打的滋味儿也不好受，但对颇有自尊心的我来说，倒是一帖良药。正是在父亲的严格教育下，我从小养成了办事认真的习惯。"

在家里，卢嘉锡还受到中国传统家教家风的教育。父亲要求孩子们的言行举止都要端庄，合乎礼仪；要尊敬老人，在老人面前不能手舞足蹈；吃饭时要让长辈先入座并坐在上位，其他人才能依次入座；不许把饭粒洒在桌上或地上；等等。

卢嘉锡在父亲的"留种园"书斋里学习了六年多，从《三字经》《千字文》《幼学琼林》等启蒙教材到"四书""五经"，涉及文、史、哲儒家经典的重要论著几乎都读过了。这些国学基础深深地扎进了卢嘉锡的幼小心灵，对他后来的漫长学海生涯、人生道路、处世为人、思维方式和学术风格都有着深刻的影响。

卢嘉锡跨入新学堂时已是 10 岁出头，算是"大龄"学生了。他凭着父亲给他打下的国学基础，无须按部就班从头学起。在大哥雨亭的辅导下，他很快补上了算术和英文，直接插班小学六年级就读。期末全市会考，他的语文得了第三名，算术和英文也完全合格。在进入中学时先在育才学社学习，后转入大同中学。经过育才学社"自由听课"，他认为可完全驾驭一、二年级课程而直接插班大同中学的三年级。读完三年级课程后，他又突发奇想，要求报考厦门大学预科。但按厦大预科招生规定，考生最低学历必须是四年制中学毕业，或高中一年肄业以上。卢嘉锡最多只能算读完了三年制初中，显然不具备报考资格。于是他去找校长兼国文老师杨景文，表明心意，请求支持，证明他已修完报考大学预科所必备的课程。经过一段紧张准备，卢嘉锡果然不负众望，国文、算学、英文、物理、化学门门合格，被厦门大学预科录取了。至此，卢嘉锡完成了从小学—中学—大学预科的"三级跳"，用两年半时间，完成了通常需要十年才能学完的课程。卢嘉锡后来回忆说："这种跳级式升学是不好的，它会给青少年造成太大的心理压力和学科发展不均衡性，还是循序渐进为好。"

两年后，即1930年，卢嘉锡预科毕业升入厦大本科，时年15岁，是全校最小的学生。厦门大学是著名的华侨领袖陈嘉庚先生于20世纪20年代初创建的，位于鹭岛南端，背岛临海，占地约2000多亩。此地原属郑成功收复台湾前操练水师的场所，早已成杂草丛生的荒地。陈先生投以巨资把这块地买下，又聘请最好的设计师，历经数年，才建成了颇具风格的建筑群，与鹭岛风光交相映衬，成为我国南方一座秀丽的大学城。这座大学城先后又经过著名的物理学家萨本栋校长和著名的经济学家王亚南校长的精心设计和艰苦经营，从私立大学变为国立大学并成为东南亚一带的知名学府。卢嘉锡与厦门大学这几位顶尖人物都有交往或共过事，这是后话。进入本科，校方为充分发挥学生的积极性，拓宽学生的知识面，以使之适应社会求职需求，允许学生选择一门主修专业，一门辅修专业，还可选择自己感兴趣的选修课。卢嘉锡对自然科学有广泛兴趣，对数学严密的逻辑推理和运算尤感兴趣，因此他选的是主系数学，辅系化学。但他的这一选择，后来因受到从美国归来担任厦门大学理学院院长兼化学系主任张资珙教授的启发，而作了对易改变。张教授从事化学教研，又十分熟悉国外科技发展动态。他强调化学这门学科，上连数、理，下连地质矿产和生命科学，是最基础又实用的学科，对工、农、医药工业影响深远，对认识自然、改造自然和富民强国将起重大作用。一个学期过去了，他看到卢嘉锡各科成绩都很优秀，但作为化学教授的他，更注重卢嘉锡在化学上的成长，因此有意鼓励他在主辅系的选择上向化学倾斜。这一指点就成为卢嘉锡一生的转折点。从第二学期开始，他把学习志愿改为主系化学，辅系数学。从此，他与化学结缘终身。

令卢嘉锡终生难忘的另一件事是，张资珙教授在一次上课时提出的化学家分子式——C_3H_3，曾令学生们莫名其妙。张教授转身就在黑板上写下三个英文词组：

Clear Head（清醒的头脑）
Clever Hands（灵巧的双手）
Cream Habit（整洁的习惯）

没有清醒的头脑，在形态万千、变幻莫测的化学世界里，就抓不住本质，理不清头绪；没有灵巧的双手，自己的设想就不能实现；没有整洁的习惯和有条不紊的分析程序，就不能得到正确的数据。多么深刻的概括，多么精彩的诠释，这就成为卢嘉锡日后数十年从事化学工作的信条。虽然张资珙教授在厦大执教的时间很短，但他的言传身教却使卢嘉锡终生难忘并在日后数十年间与其保持着深厚的师生情谊。

在本科三年级时学习物理化学，算题多、难度大，任课老师经常进行测验，以培养学生的思维和运算能力。有一次老师出了一道很难的试题，卢嘉锡基本做出了，自以为不错，但老师批改卷子时只给了四分之一的分，而四分之三被扣了，原来是小数点错了位。卢嘉锡开始觉得老师未免太过分了，老师却说：科学计算是非常精密的，来不得半点差错，实验室或设计图上毫厘之差，就会在现场造成谬之千里的严重后果。通过这一事件，卢嘉锡总结出一种"毛估"方法，即根据研究或计算对象所给出的条件，先大略地估算一下它可能出现的量级或范围，心中有此粗线条的谱，再进入细致的运算时，就不至于导出错误的结果。

英语的学习颇使卢嘉锡感到头痛，因为英语老师多是从英语国家归来的侨胞，或是聘请的外国教授，上课时全部讲英语，提问时，卢嘉锡听不懂，答不上，往往弄得十分尴尬。他索性买些英文原版书，硬着头皮啃，渐渐取得一些"自由"，由听不懂到听得懂，由死学硬记到活学活记。为了掌握和运用英语，体会英文和中文的差别，他还坚持用英语写日记并交给老师指点。卢嘉锡在英语学习上投入的精力和取得的进步，深得英语老师李锡爵的肯定。这样经过两年刻苦用功，卢嘉锡的英语达到了会听、会讲、会读、会写的水平。

卢嘉锡虽有天生聪颖的过人之处，但他在学业上的进步和成功主要还是靠他的勤奋和锲而不舍的钻研精神获得的。1934年夏，他以陈嘉庚奖学金获得者的优异成绩和理学学士学位毕业于厦门大学化学系。

二、科学救国，战火纷飞赴英美

虽然卢嘉锡大学毕业了，但父亲辞世，大哥当时也已成家，在中学任教，工资不多。为减轻家庭负担，他应聘为厦门大学化学系助教，并经厦大数学系主任张希陆教授介绍，兼职厦门省立中学数学老师。卢嘉锡一边努力工作，一边继续创造条件为报考出国留学作准备。他曾报考1934年清华留学公费招收的化工陶瓷专业，因专业不对而落选；又过两年，报考中英庚款公费生，专业是物理化学，正好对口，但30名报考物理化学者仅收1人，他又擦肩而过。张希陆教授因看到他在数理方面的天分，仍继续鼓励他作进一步准备，而这时新婚妻子吴逊玉更是对他寄予厚望，全家人也都热情支持。1937年3月，他第三次赴南京报考并以第一名的成绩考取了第五届中英庚款公费留学生。

带着科学救国的理想，在七七卢沟桥事变后的1937年8月17日，卢嘉锡和来自全国各地的20多名留英学生聚集到上海，准备出国。这时上海已笼罩战火，他目睹了日本人的军舰在黄浦江上横冲直闯，飞机不断把炸弹、汽油弹倾泻下来，还有不绝于耳的枪炮声。由于战火弥漫，他们只能在上海码头登上英国军舰，经黄浦江驶向吴淞口外，再换乘英国邮轮。轮船起航了，他站在甲板上望着渐渐离去的故国，心情极为复杂：他庆幸自己获得了难得的留学机会,可以学习西方科学技术,将来可以报效祖国;但又担心日本战争狂人发动对中国的大规模武装侵略,大好河山遭蹂躏,多少同胞遭屈辱,还有自己的母亲妻儿和兄弟……经过一个多月的海上航程,终于到达了号称世界工业革命发祥地和西方资本主义最发达的中心城市——伦敦。这里的繁华、富有和现代化气派使这些来自"穷乡僻壤"的学子们目不暇接,眼花缭乱,与贫穷落后的祖国对比,简直是天渊之别!

在前往伦敦大学学院的报到处时,他遇到一位没有通常英国人那种傲慢气派的人。"你就是从中国来的卢嘉锡吗?"卢嘉锡惊异地看着对方,见是一位50来岁满脸笑容的谦和长者,连忙应声道:"是的。"这时长者走过来,握住他的手说:"我正要到报到处迎接你。我叫萨格登,化学系教授,从现在起你就是我的学生了。"萨格登教授是英国皇家学会会员,在热化学、磁化学和放射化学方面颇负盛名。他征询卢嘉锡愿意从事哪个方面研究工作,卢嘉锡表示对放射化学这个新领域有兴趣,这样就把研究方向确定下来了。在萨格登教授指导下,卢嘉锡一面攻读研究生基础理论课,一面进行放射化学研究。三个月取得初步结果后,导师叫他先写成初稿,经导师修改后再写成正式报告。第二天卢嘉锡把报告稿送上,教授没想到他写得这么快且行文流畅、字迹清秀,对他十分满意。

不过卢嘉锡在实验中也曾因为出现"事故"而被警告。一次,一张纸条贴在实验室门上,提醒他的实验室里有一盏煤气灯没有熄灭。哦,想起来了,傍晚时分暗处略带白色的煤气灯与室外的雾色(伦敦是多雾之都)混为一体,故易误认为灯已关上,但到了夜间灯光就会"亮"起来。巡逻发现，所以留条警告。

卢嘉锡的博士论文是有关放射性卤素的化学浓集法。据报道，有机卤化物经中子照射后，有相当数量的放射性卤化物生成，并可通过适当的试剂将其萃取出来。化学家拟探明其萃取原理以得到化学浓缩的放射性卤素，但从来未取得成功。卢嘉锡在导师指导下经反复试验，发现有机试剂的加入对萃取分离很有影响，如在有机卤化物中加入少量苯胺，再行中子照射，然后用稀酸萃取即可成功地制备出浓缩因子达 30000 的放射性溴浓缩物，然后他又对这一过程的机理进行了阐释。这一成果写成论文发表于 1939 年的国际权威杂志《化学学会会刊》上，卢嘉锡因此成为成功分离出放射性高度浓缩物的第一位化学家。他的论文获得很高评价，并顺利通过答辩，获得伦敦大学物理化学专业博士学位。

在萨格登教授推荐下，1939 年 8 月卢嘉锡告别了导师，横渡大西洋来到美国加州理工学院，拜师于美国著名化学家鲍林教授（1954 年诺贝尔化学奖和 1962 年诺贝尔和平奖获得者）门下，并受聘为加州理工学院客座研究员。通过交谈，他们发现师生间的生活历程有着惊人的相似处，因此从情感上拉近了距离。当年，鲍林 38 岁，在科学上已有重要建树，他把量子力学这门崭新学科通过近似处理应用到结构化学和化学键本质的研究，并于 1938 年完成了巨著《化学键本质》一书。鲍林还善于运用经验方法分析总结实验结果，而且富于直观想象力，的确把化学结构理论在原有经典理论基础上推进了一大步。

卢嘉锡特别注意观察和体会导师的治学方法和思维方式。他发现老师很善于在科学实践中通过"猜测"而求得真理。在晶体研究中，鲍林运用逻辑推理方法，从晶体的性质推断它的结构，反之，根据晶体的结构即可预见晶体的性质。鲍林具有非凡的化学直观本领，只要给出某种物质的化学式，他即能大体上想象出该物质的分子结构，进而大体掌握该物质的性质。当然这种能力是从大量实践中获得的。卢嘉锡早期在运算物理化学难题时所总结出的"毛估"方法和直观本领经鲍林的点化就更趋精到成熟了。

在加州理工学院，卢嘉锡从事以 X 射线衍射法和电子衍射法为主要研究手段的晶体结构研究课题，例如二联苯晶体结构、硫氮、砷硫等化合物结构，解决了当时国际化学界的许多结构化学难题。他在 X 射线晶体结构分析的实验方法和技术上也有重要贡献。他设计的 Lp 因子倒数图和两种曲线卡，把过去繁难的手工计算变得非常简易，从而被国际同行广泛采用并被收入《国际晶体数学用表》，称为"卢氏图表"。

1941 年珍珠港事件爆发，美国也卷入战争，对德、日、意等法西斯国家宣战。

1944 年美国在反法西斯战争跨入第四年时，通过一项战时法规，规定旅居美国的所有外国留学生必须为战争服务，或入伍当兵，或参加国防科研。卢嘉锡选择了后者，被派往美国国防委员会第 13 局所属的马里兰研究室工作。根据所学专业，他参与了燃烧和爆炸方面的研究。他的工作取得出色成绩，因此一年后，美国国防委员会就向他颁发"成就奖"予以表彰。在马里兰研究室工作结束后，卢嘉锡回到加州大学和加州理工学院工作了半年，从事化学热力学方面研究。不久，中国的抗日战争取得了胜利，二战结束。他再也按捺不住对祖国和亲人的眷念，辞去一切职位，搭乘由旧金山开往中国的客轮，于1945年11月启程回国。临行前，卢嘉锡向导师鲍林话别，想给导师送点纪念品，鲍林立即说，就把你那本量子化学笔记本留给我作纪念吧！原来鲍林早就注意到卢嘉锡的学习笔记做得很精致独特，令人爱不释手。40年后，当耄耋之年的鲍林教授得知卢嘉锡出任中国科学院院长的消息时，怀着非常喜悦的心情给卢嘉锡发去祝贺信，并寄回保存了近40年的量子化学笔记本。这段因缘，成为鲍林和卢嘉锡师生之间令人称羡的"完璧归赵"美谈。

三、良师益友，厦门大学一颗明星

阔别八年、满载而归的卢嘉锡，受到了国内学界和亲朋好友的热忱欢迎。回国途经上海，浙江大学理学院院长胡刚复闻讯赶来拜访，当下就聘请他到浙江大学化学系担任主任教授。但回到厦门大学——自己的母校时，卢嘉锡既无法拒绝浙大的聘约又不能冷淡母校的培育之恩和校长汪德耀的盛情邀聘，因此他只能两头兼顾，奔波于厦杭之间，1946—1948年他就是这样度过的。厦门大学化学系原是厦大的强系，名师荟萃，阵容强大，在国内各大学中颇负盛名，但抗战期间，学校内迁闽西长汀，著名教授相继离去。抗日战争胜利后，学校迁回厦门，但已"人去楼空"，今非昔比。师资短缺，设备匮乏，是作为化学系主任的卢嘉锡必须面对的现实。于是，他通过师生关系、同学关系和校友关系等诸多门径，到处打听,多方求贤,或登门拜访,或函电邀请。精诚所至,金石为开,他终于把方锡畴教授(从贵阳)、吴思敏教授(从印度)、钱人元教授(从美国)、陈国珍教授(从英国),以及蔡启瑞教授等精英都动员到厦大来了,化学系又出现了人才济济、繁荣兴旺的新局面。

在教学上卢嘉锡率先做出榜样。他精心设置教程,认真备好每一个教案。他的讲课颇有特色,不是先写好讲稿,然后在堂上讲解,而是在备课时扯下昨天的一张日历,然后条分缕析地把当天要讲的内容先烂熟于心,写成几条精要的提纲进行讲述。他讲课声音洪亮,板书秀丽,思路清晰,推理分明,常能做到数理贯穿,譬喻生动,化难为易。卢嘉锡的讲课博得了全校师生的赞赏,常常是听者盈座。但这种用日历纸写下的只是讲课纲要,而详细内容的"腹稿"仅暂存在记忆中,这对他日后整理成书却是一件憾事,但既忙于教学又忙于行政事务的卢嘉锡也无心他顾了。无独有偶,大圣先师孔夫子的"述而不作"的教学模式与此不无相似之处。据说黑格尔的某些哲学著作也不是出自他的手笔,而是他的学生在他逝世后根据自己的听课笔记整理而成的。卢嘉锡除了给本科生讲授物理化学基础课,还给研究生讲授经过精心设置、反映当代物理化学水平的新颖科目——化学热力学、统计热力学、量子化学、结构化学、晶体化学和 X 射线晶体结构分析等重要基础课,给学生打下了坚实的理论基础。卢嘉锡不仅重视学生基础理论的学习,同时注意对学生的实际动手能力的培养。中华人民共和国成立初期的厦门大学,学校教学研究设备十分匮缺,他就带领研究生自己动手设计实验仪器,先后安排设计了 X 射线单晶衍射实验用的劳厄照相机、转动照相机、摆动照相机及观察 X 射线底片用的光箱等设备；他还指导学生制作了花样繁多的分子结构模型，亲自检查学生的实验数据，重视数据的原始记录，不准撕去或涂改。

1953 年，由高等教育部召集在青岛开设的全国物质结构讲习班，要从全国各大学现有的化学教师中抽调几十人，进行短期培训，以解决物质结构这个全国性新设专业的师资问题。哥伦比亚大学理学博士、在量子化学方面造诣很深的东北人民大学（吉林大学前身）教授唐敖庆和精通结构化学理论与实验技术的厦门大学教授卢嘉锡在这个学界难逢的讲席上共同担任主讲。唐敖庆从量子化学的物理概念和严密的数学推导方面进行阐述，而卢嘉锡则从结构化学理论和实验方法方面进行全面讲解。两位导师各有所长，各有侧重，相互补充，相得益彰，使那些来自全国各高校的有机、无机和分析化学专业的老师大开眼界，受益匪浅。青岛海滨的碧水蓝天、宜人气候和唐、卢两教授精到的讲解阐述，使学员们在紧张的学习、密切的交流和融洽的氛围中，获取了新鲜的知识，取得了最佳的教学相长效果。青岛全国物质结构讲习班的成功举办，赢得了全国高校的高度赞赏。在大家的热烈请求下，1954 年第二届全国物质结构讲习班在北京开班了。报名的学员比计划多出一倍，而主讲教授亦扩增一倍，复旦大学吴征铠教授和北京大学徐光宪教授也加盟讲席。卢嘉锡在东南一隅的厦门大学化学系点起的"物质结构"的"星星之火"终于燃成了全国高校化学系开设的基础理论专业课。唐敖庆教授后来回忆说："这两次全国性物质结构讲习班影响重大，今天大部分在物质结构化学方面有所作为的科学家，都曾受益于这两次培训。"1955 年卢嘉锡以优异教学、科研成果与唐敖庆同被选为中国科学院数理化学学部委员（院士），1956 年被高等教育部聘为一级教授。

卢嘉锡由于出色的教学和管理艺术，职位也不断迁升，从化学系主任、副教务长、数理系主任、研究部主任、校长助理等职一路升任到副校长。他依然尊师重道，待人以诚，谦虚平易，乐于助人，教泽广被，奖掖后进，为厦门大学及我国化学学科的发展立下了不朽功劳。

1956 年，国务院组成了以周恩来总理为首的科学规划委员会，召集 600 名全国著名科学家来北京共商科学发展大计。卢嘉锡、唐敖庆和蔡启瑞作为化学学科小组成员应邀参加大会，在十多位资深小组成员中，他们由于是"少壮派"，要承担讨论时的会议记录和写简报任务。卢嘉锡以他多年的经验和获得的信息，认为"物质的微观结构决定物质的宏观性能"正成为基础化学的主流观点，并影响到化学各分支学科领域，所以建议把"物质结构与性能的研究"作为化学学科的中心议题，提交大会讨论。卢嘉锡把这一想法在小组作了详细阐述，得到化学界同仁的普遍赞同，但这一内涵还得有个"帽子"，他和唐敖庆就共同草拟了"当代化学学科发展的总趋势是从宏观到微观，从静态到动态，从平衡到不平衡"的言简意赅的纲领式提法，为大会奉献了科学工作者高瞻远瞩的设想。

四、坚持方向，结构晶体崭露头角

1960 年初，卢嘉锡从厦门大学来到福州，出任福州大学副校长，同时又接受国务院总理周恩来的任命，担任中国科学院福建分院副院长的职务。如果说他来到福州，福州大学才刚刚开始"破土动工"，那么中国科学院福建分院则还处于"无影无踪"状态。经过 20 多年艰辛努力，福州大学后来成为以工科为主，理、工、财、文、艺兼备的多学科综合性大学。而按中科院最初规划的福建分院应包括技术物理、应用化学、电子学、自动化、稀有金属、数学力学等六个研究所和一个生物物理实验室（简称"六所一室"），后又调整为理化研究所。在全国三年困难时期，当时福建唯一的理化研究所也面临着生存危机。卢嘉锡以中国科学院学部委员的身份和影响力，据理力争，多方呼吁，建议将研究所改为"中国科学院华东物质结构研究所"，建制上隶属中国科学院，行政上由华东分院、福建省科委和福州大学共同领导；以后又几经"挣脱"，排除干扰，才成为独立自主的中国科学院福建物质结构研究所。

在"文化大革命"中，卢嘉锡被戴上了"资产阶级反动学术权威"和"走资本主义道路的当权派"两顶帽子，被解除了一切职务。在"造反派"的批判、审问的压力下，他实事求是，问心无愧，保持了自己的品德和大节。1969 年，周恩来总理得知他的遭遇，立即给福州军区皮定均副司令员打电话，指示给卢嘉锡"立即解放，安排工作"。卢嘉锡闻讯后当即提笔挥毫，把李白《赠汪伦》的诗句化用为"桃花潭水深千尺，不及周公对我情"，对总理给予他的知遇之恩感激万分。1971 年他赴京参加胰岛素晶体和分子结构鉴定会，得知中科院拟将组织"化学模拟生物固氮"的基础研究项目。这是当时化学界前沿课题，他感奋异常，立即和好友唐敖庆、蔡启瑞商量，三人主动请缨，愿意承担这一重大课题，共同组织开展全国性研究工作，并以此为契机，把荒废多年的物质结构研究重振起来。1972年和1973年长春和厦门两次全国性固氮会议，决定基础研究和应用研究同步进行，并作了具体分工，卢、唐、蔡负责固氮酶活性中心的化学和生物化学的基础研究。从此以卢、唐、蔡为首的全国性化学模拟生物固氮研究在全国科研院所和高校中全面铺开了，唐敖庆从量子化学，蔡启瑞从催化理论，而卢嘉锡则从结构化学方面对固氮酶结构与性能进行既有协作又有分工的研究，取得了丰硕成果。

卢嘉锡及其所领导的研究集体的科学成果比较集中地呈现在《探赜索隐　立志创新——中国科学院福建物质结构研究所建所三十周年论文选集　结构化学与晶体材料科学部分（1960—1990）》和卢嘉锡中英文版专著《过渡金属原子簇化学的新进展》两部著作中。

在这30多年的科研生涯中，卢嘉锡以化学模拟生物固氮这个国际生化的前沿课题为先导，带领中国的研究人员促进了与固氮、簇合物催化、超导电性及材料科学相关的过渡金属原子簇化学的蓬勃发展。其实，化学模拟生物固氮和原子簇化学研究是一而二的研究命题，后者是前者的基础，而前者则是后者的具体化和深入。根据大量实验事实和理论思考，卢嘉锡在国际上率先发表了《固氮酶催化固氮中心的初步模型——兼论双氮分子络合活化的结构条件》，他从 $N\equiv N$ 分子的异常化学稳定性和过渡金属对它进行络合活化的可能和条件进行量子化学和结构化学分析，提出实现 $N\equiv N$ 分子充分活化的单端基加多侧基的结构条件：端基络合键（必不可少）可拉长 N≡N 键，减少 N 原子核间静电斥力；侧基络合键；单侧基不够，必须发挥多侧基协同作用。这可突破 N≡N 配位基侧面防线，为裂解 N≡N 键铺平道路，同时还要防止侧基异构化的结构因素，以保证侧基络合键的稳定性。他还指出，异核络合金属组成以及过渡金属可变氧化态的交替变化，是有利于固氮循环中的底物活化和电子转移的。在此基础上，他又提出了固氮酶铁钼原子簇协同作用的网兜状活性中心模型——福州模型Ⅰ，一个由 $MoFe_3S_7$ 组成具有欠完整的类立方烷型原子簇结构模型（《科学通报》1975 年第 12 期第 540—557 页）。

卢嘉锡提出的网兜模型构想的难能可贵之处还在于它必须经受温和条件下固氮作用三个环节即络合—还原—加氢这一过程考验：它不能只络合不活化，或活化得不够充分；也不能络合得太牢固，进而很难或无法还原；它不仅要求有较强还原作用，更要求保证还原作用以及恢复还原状态的推动力。为了催化过程能有序地按周期运行下去，必须设想活性中心构型有一定程度流变性。

1980 年，固氮酶活性中心钼铁辅基（FeMoCo）的最新研究结果发表了，证明该辅基组成的原子比为 Mo∶Fe∶S=1∶8∶6。根据外延 X 射线吸收边精细结构谱（EXAFS）对 Mo、Fe 原子周围微环境的测定信息，卢嘉锡又巧妙地依据新的实验事实调整了原先福州模型Ⅰ，提出了孪合双网兜模型（福州模型Ⅱ）。卢嘉锡在 1980 年提出的福州模型Ⅱ和 1992 年美国加州理工学院的里斯及普渡大学的博林所进行的分辨率达 2.2Å 的固氮酶晶体结构分析而提出的活性中心结构模型,有惊人的相似处,因为两个模型皆由两个四核网兜状原子簇组成,而其差别仅在连接两个原子簇兜口上有一个原子不同(Fe 替代 Mo)及两个原子簇偶联方式的差异上,但就单个原子簇而言,也够和卢嘉锡在 1973 年提出的福州模型 I 相像了。从两方学者的构思过程看,里斯和博林等模型的提出更多地凭借现代科学分析仪器手段所提供数据基础上引申而出,而卢嘉锡的思路则更多地得益于他对结构化学、量子化学和原子簇化学基础理论把握和科学直观而推演出来。

1978 年卢嘉锡当选中国化学会理事长。在当年的全国第二次物质结构会议和中国化学会年会上发表了学术报告《原子簇化合物的结构化学》,引起了与会化学家的兴趣,极大地推动了国内簇合物化学研究工作。他以自己在美国研究时的亲身经历对原子簇化学研究的历史演变、应用和发展作了生动而全面的阐述。他从硼烷/碳硼烷、金属硼烷/金属碳烷、过渡金属羰基原子簇化合物、其他构型的原子簇化合物和原子簇化合物的结构规则方面作了系统的总结和评价。在文末,他以诗词明志:香花争吐艳,硕果苦奇寒,岂为根不深,枝欠壮?劲草傲疾风,险峰迎闯将,竞相坚远志,庆新功!

1989 年卢嘉锡和他的助手提出"活性元件组装"设想,即过渡金属原子簇,特别含 μ_2 和 μ_3 桥的类立方烷簇,可能由构成该原子簇的基本结构"元件"在一定活化条件下组装而成。实验证实,这一"活性元件组装"理论的应用有助于簇合物的合理合成。20 多年来,他所领导的研究集体先后完成了 300 多种新型过渡金属簇合物的合成，包括含低价态和混合价态金属原子的金属－硫簇合物、三核原子簇化合物、类立方烷原子簇化合物和多核过渡金属原子簇化合物及一些具有扩展结构的稀土和铌/钽簇合物的合成和其晶体学数据，这无疑提供了很有参考价值的结构化学信息。

1988年，在福州大学黄建全教授（福建物构所兼职研究员）研究基础上，卢嘉锡发表了《初论某些[Mo_3S_4]$^{4+}$簇合物中[Mo_3S_3]非平面簇环的类芳香性本质》，后来随着研究的深入，又进一步确定了"类芳香性"概念。初论中他计算了标题化合物的定域分子轨道（LMO），和参考分子C_6H_6、$B_3N_3H_6$和[B_3O_6]$^{3-}$的LMO进行比较，计算表明可以用三中心键模型描述苯等三个参考分子电子结构离域性，而在标题簇合物的折叠簇环[Mo_3S_3]中同样存在三个由Mo-S-Mo组成的（d-p-d）三中心π键以及由它们彼此相互作用形成的连续而又封闭的大共轭π-电子体系，这就道破了它的类芳香性本质。这样卢嘉锡就把有机化学中重要的芳香性概念从有机界推广到无机界，从而大大丰富了芳香性概念的内涵。他精湛的学术思想很快就引起了广泛的注意，在1988年的半年内，他先后在意大利米兰大学化学系、美国加州大学洛杉矶分校化学系、日本冈崎第35次学术研讨会（主题为"金属簇合物的合理合成方法和多核簇骼的协同现象"）、美国麻州坎布里奇举办的生物无机化学第四届国际学术讨论会和埃克森研究中心作了五次学术报告，受到国内外学术界的好评。

80年代初，福建物质结构研究所再度明确了研究方向。卢嘉锡提出：要在深入研究结构与性能关系的基础上，组织多学科、多技术力量的合作,制备出国际水平的新型晶体材料。在他的全面指导和精心组织下,经过多年努力我国终于研制出具有国际领先水平的"中国牌"优质非线性光学晶体材料——低温相偏硼酸钡(BBO)和三硼酸锂(LBO)而饮誉国际科技界。这些成果的取得要归功于高强度、高方向性和相干性的激光器问世后所引发的非线性光学现象的发现及卢嘉锡对无机非线性光学晶体材料研究的执着和追求。卢嘉锡不失时机地抓住这一历史机遇,在 20 世纪 60 年代初就组织成立了电光与非线性光学晶体材料研究小组,并把寻找和设计合成具有特定性能非线性光学新材料作为该课题组的学科方向。卢嘉锡对"性能敏感"结构概念的提出,则为这一研究小组从结构化学角度建立物理模型方法,寻求性能与结构关系,从中找出最优的无机非线性光学晶体材料的可能性提供了支撑。卢嘉锡还指出由于共轭体系,特别是类芳香体系中价电子离域性,在外加光场作用下能产生大的诱导极性,因而要把"类芳香性"与"非线性光学效应"联系起来(这在 BBO 和 LBO 晶体中都得到印证),这将为寻找新的非线性光学晶体材料拓宽思路。

卢嘉锡成功地主持完成了化学模拟生物固氮与原子簇化学研究和新晶体材料,特别是非线性光学晶体材料研究,并为我国建立了结构化学和新晶体材料两个学科基地,而这两个学科基地也构成了福建物质结构研究所的学科支柱和产业支柱。卢嘉锡 1978 年以"固氮酶活性中心网兜模型"获得中国科学院科技成果一等奖和福建省科技成果一等奖,1991 年以"过渡金属原子簇化合物的合成化学和结构化学"获得中国科学院自然科学一等奖,1993 年又获国家自然科学二等奖。

五、开放改革，科学家管理科学

1981年5月，卢嘉锡在中国科学院第四次学部委员大会上当选为中国科学院院长，是第一位以自然科学家身份进入中国科学最高领导层的科学家。面对涵盖数学、物理、化学、生物等广博学科领域、情况各异的119个研究所和规模达8万之众的科技队伍的复杂情况，他上靠党和国家方针政策，下靠各级领导和科技骨干的群策群力，为中国科学院改革和建设倾注了大量心血，作出了不可磨灭的重要贡献，在中国科学院发展史上留下了他的独特印记。

上任伊始，正值我国经济发展进入第六个五年计划（1981—1985）的初期，改革调整办院方针成为首要的工作重点。卢嘉锡一方面要执行中国科学院领导模式转变，从行政为主的领导转变为以学术为主的领导。通过加强学术领导和科研管理的科学化和民主化，实现中国科学院作为国家队和国家科学技术的一个综合研究基地，发挥多学科、多兵种联合优势和众多专家的专业作用，引导各门学科研究向纵深发展，为科学技术、国民经济和国防建设提供高水平、高质量的成果和人才。为此，卢嘉锡主持制定了《中国科学院学部工作简则》，提出四项任务：第一，对本学部范围内的院属研究机构实行学术领导和相应组织管理。审议研究所工作，组织评审协调重要科研项目；评议、鉴定重要科研成果和职称。第二，分析国内外科技发展动态并制定对应方针、政策、计划和建议。第三，对我国重大科学技术问题进行调研和学术论证并提出报告和建议。第四，组织一些重要的全国性和国际性学术活动。

另一方面卢嘉锡适时地以全新的视角、全新的定位和全新的高度，将中国科学院的办院方针思想契合于党在十二大后提出的"经济建设必须依靠科学技术，科学技术必须面向经济建设"的路线，提出了"大力加强应用研究，积极而有选择地参加发展工作，继续重视基础研究"的办院方针，得到党中央肯定和中国科学院广大科技工作者的拥护和支持。

在任职的六年中，他认真贯彻党中央关于科技工作的指导方针，全面推进中科院各项改革。强调科技要主动"面向"经济，而不是坐等经济的"依靠"；要根据经济建设对科学技术的多方面和多层次的要求，开展多类型、多方式、多途径的"面向"服务。从20世纪80年代初，中国科学院就大力加强同部门、企业、地方的横向联系与合作，以委托研究、技术转让、组成科研生产联合体等方式，积极推广研究成果。至1986年底，全院已同全国3000多个企业建立了不同形式的合作关系，与石油工业部和12个省（自治区、直辖市）政府签订了全面或专项科技合作协议。

针对国家建设中的重大问题组织攻关，一直是科学院的重要方向。在国家"六五"计划38项重点科技攻关项目中，科学院承担了其中15项191个课题任务。此外，科学院还自行安排14个项目，作为国家攻关项目的补充和后备。这29个项目包括农业综合治理与开发、能源中关键性科技问题、特种高新材料、新兴技术（计算机、大规模集成电路、生物工程、超导、激光、遥感和辐射等）。

卢嘉锡还组织科技人员参加全国和地区规划，对我国自然条件、自然资源及环境和生态等方面进行考察和研究，积累了大量基础资料，研究了许多地区的综合开发和资源综合利用问题，为经济规划和地区规划提供科学依据。

在实行所长负责制，搞活研究所，对科研工作进行分类管理的基础上，卢嘉锡主持出台了一系列富有创造性的和行之有效的举措，对基础科研经费的分配，实行同行审议、择优支持，解决课题分散和低水平重复问题；建立开放实验室（所）并实行开放、流动、联合、面向全国的方针，有效地打破了传统的"封闭"体系，局部地创造了较好的学术研究环境。建立开放实验室是科学院在国内的一个创举。卢嘉锡一班人认为科学院应该带头破除部门所有制，把科研设施提供给全国优秀科学家共同使用，通过接收流动研究人员，打破"近亲繁殖"带来的学术思想单一倾向，有利于活跃学术气氛；面向全国优选人才和课题，有利于促进科学水平的提高和高质量人才的培育；在财力有限的条件下，支持一部分实验室先得到较好的工作条件。1985年6月经同行论证审议，卢嘉锡批准17个研究室和3个研究所首批对国内外开放。到1987年，周光召继任中科院院长时，这些开放研究单位吸收了很多客座科研人员（包括32位外国科学家），他们所承担的课题和联合研究课题，占全部课题的三分之二以上，推动了国内外合作研究，促进了不同学科间的交叉和广泛学术交流；有稳定经费支持，有较好设备、条件和研究环境，提高了工作效率，在较短时间里取得了一批高水平的科研成果。中科院开放实验室成功的示范作用，还很快扩展到大学、科研院所和其他具有原始创新能力的机构,形成了专业类国家实验室、多学科交叉集成国家实验室和重大科学工程(装置)国家实验室。

创立自然科学基金,是卢嘉锡在中国科学院任职期间的新事物。1982年,中国第一个科学基金会由中科院首先启动,卢嘉锡担任基金委首届主任。科学基金面向全国,用于资助全国自然科学方面的基础研究和应用研究中的基础性工作。它受到了科学界、教育界广泛欢迎和申请单位普遍重视,很多人不仅把获得基金资助看作经费上的支持,而且看作学术上的荣誉。据1985年上半年的不完全统计,申请项目近万个,经专家评审共资助4426个课题,完成了学术论文8200多篇,163项成果通过专家评审或鉴定,有些成果达到世界先进水平,有力地推动了全国科技界的基础性研究。

六、文理兼容,社会活动家、科学外交家

中国是诗书礼乐之邦,有深厚的文化底蕴。卢嘉锡早年所受的中国传统文化教育使他在这方面造诣精深,与他以后所受现代教育,以及留学欧美所受的西方科学文化教育相互杂糅、融会贯通,使他形成了独特的文理兼容的人文观与科学观。

他化用曾子名言并书以自勉:"吾日三省吾身:为四化大局谋而不忠乎?与国内外同行交流学术而乏创新乎?奖掖后进不落实乎?"在进退困厄时,他以林则徐的名言"苟利国家生死以,岂因祸福避趋之"为座右铭,去经受考验。

他对中国科学院发展曾提出过颇有创见的想法:基础研究、应用研究、发展工作以至中间试验、试制生产,都有自身的规律和特

点，不能搞"一刀切"，不仅使用的仪器设备不尽相同，还要让受过不同训练的科技人员运用自己的特长在不同的科技工作范畴发挥作用。

对科研工作的积累性，他指出，我们现在有能力参加攻关，大部分是过去研究工作积累的结果，一部分是目前工作的延续和发展。他以吃三个馒头的生动比喻——"一个馒头吃不饱，两个馒头尚未饱，三个馒头开始饱"的累积效应来说明科学积累的重要性。

讲到中科院是多学科多兵种时，他指出，这只能算作是个"潜力"，若不能随时随地根据需要把它组织起来解决我们面临的科技问题，就不成其为优势，要把各方面工作很好地组织起来认真分析国家交给我们的任务，并分解为系列的科技研究课题，安排组织好力量逐个保质保量完成，最终还要把一系列研究成果综合起来成为完整的一个成果。

在谈到什么是科学院应有的水平时，他认为，水平应体现在综合解决问题的能力上，在衡量国家的科学水平上是团体冠军在起作用。

对发挥科学院的作用，他主张科学院必须有所为，有所不为；必须开辟新领域，又必须下决心放弃一些研究领域和项目，特别是不要再搞与产业部门重复的工作。科学院要强调一个"创"字，这也是科学院的传统之一。那些只会搞原来熟悉的工作的人，就很难创新，甚至谈不上搞科学研究。

对开放研究实验室实行开放、流动、联合共享方针，同国际同类机构有了更多的共同点，这项改革的深刻含义及其所引发的思想观念的改变，将在今后的工作中显现出来。

让中国了解世界，让世界了解中国，这是改革开放以来人们常说的一句话。卢嘉锡早年留学欧美，长期以来一直关注着西方发达国家科学技术的发展，瞄准国际科学前沿，力求中国的科学技术在国际上占有一席之地，因而非常重视国际科技交流。还在福建物质结构研究所时，他就多次率领代表团出席国际科学会议，向国外派遣访问学者，并邀请国外学者前来讲学与合作研究。他担任中国科学院院长期间，国际交往更加频繁，同世界50个国家和地区建立了多方面、多形式的科技协作交流，签订了40多个科技协议和备忘录，每年与国外科技界互访近5000人次。我们把这些交往称为科学外交，限于篇幅，我们仅举其中一二显著例子以见一斑。

（1）和第三世界科学院结缘。第三世界科学院缘起它的创始人——巴基斯坦籍的萨拉姆教授，他是世界著名的理论物理学家，1979年诺贝尔物理学奖获得者。他长期在西方国家工作，但热爱祖国，关怀与其祖国命运相同的第三世界各国，因而提出成立第三世界科学院的建议，得到来自第三世界8位教皇科学院院士的响应，并从国际上有权威的科学机构中遴选出若干现籍或祖籍为第三世界国家的著名科学家及在第三世界工作的发达国家科学家作为特邀创始院士。其中，中国只有华罗庚1人，还有4名美籍华人科学家。1983年11月第三世界科学院在意大利的里雅斯特市成立，萨拉姆当选为院长并宣告第三世界科学院是发展中国家著名科学家的国际性论坛，是非政府、非政治、非营利性组织，旨在加强发展中国家科学家间的联系与合作，促进发展中国家科学家高水平科研工作等。中国是最大的发展中国家，对第三世界的事业一向给予特殊关注，国家主席李先念发去贺电表示祝贺。1984年萨拉姆致函卢嘉锡邀请他参加1985年在意大利召开的第三世界科学院第一次会议。卢嘉锡应邀参加会议并作了《在自力更生基础上的南南国际科学合作》的报告，阐述了中国政府对发展第三世界科学事业及加强相互合作的主张，赢得了各国代表的高度赞赏。在这次大会上，卢嘉锡当选为第三世界科学院院士，经他推荐的我国著名科学家周光召、黄昆等10人也都当选为院士。由于中国代表团在会上的积极影响，萨拉姆建议第三世界科学院第二次大会在中国召开。卢嘉锡与外交部协商，联合向国务院写报告建议1987年在我国举行第三世界科学院第二次大会；随后又将萨拉姆致邓小平的信送党中央，建议邀请萨拉姆访华。1987年9月大会帷幕终于拉开，出席会议的有第三世界和部分发达国家的科学院院长、主管科技事业的政府高官和著名科学家150多人。大会由科学院、外交部、国家科委、国家教委、社科院和北京市等单位组成阵容强大的组织委员会，卢嘉锡任组委会主任。大会在人民大会堂举行，党和国家领导人和周培源、钱学森等出席。大会开得很成功。萨拉姆对中国方面的准备工作和卢嘉锡的组织才能给予高度评价。这次大会大大促进了我国与第三世界各国科技界的相互了解，提高了我国在国际科技界的地位。

  1988年在第三世界科学院理事会上，卢嘉锡被推选为负责亚洲事务的副院长，直至1992年才卸任。

  （2）卢嘉锡—李约瑟情谊。卢嘉锡与世界著名科学家和科学史家李约瑟的交往故事也十分动人。李约瑟博士的《中国科学技术史》是轰动世界的皇皇科学巨著。卢嘉锡对这部巨著十分景仰和赞颂。1982 年他访英时，首次拜访李约瑟，以后每次访英都要去探望这位中国人民的老朋友。1986 年在中央领导支持下，中科院与有关部门共同组成"李约瑟《中国科学技术史》翻译出版委员会"，卢嘉锡任主任委员。他亲自参与组织编辑工作，希望通过《中国科学技术史》中译本的出版，鼓舞中国当代科技工作者重振中国在世界科技史上的地位。1989 年卢嘉锡写了一首七绝，书赠李约瑟：

颂我古兮不薄今，
烛微知著为求真。
辉煌七卷科学史，
天下谁人不识君！

1990 年 8 月李约瑟 90 寿辰，剑桥大学罗宾逊学院在祝贺李约瑟华诞的同时，举行了第六届中国科学史国际研讨会，卢嘉锡率团专程前往参加。除带去《中国科学技术史》中译本的前两卷，卢嘉锡还填写了一首《诉衷情·李约瑟博士九秩大庆》的词，并请著名诗人、书法家赵朴初挥毫：

等身著作胜封侯，杖履任优游。金丹九转精核，明道有谁俦。

前史事，感君修，茧方紬。学人同赞，光耀双星，海屋添筹。

这首词表达了卢嘉锡的关切之情,也祝李约瑟与鲁桂珍喜结秦晋之好。1995年这位科学巨星陨落,卢嘉锡十分伤感,还写了一首悼诗和一副挽联,托专程前往参加悼念活动的中国科技史学会理事长席泽宗院士和中科院自然科学史研究所副所长王渝生博士带去,以表达他对老朋友的怀念和敬仰。

卢嘉锡在国际科技交往中卓有成效的活动,为中国赢得了荣誉,同时他也因自己学术上的杰出成就,先后获欧洲科学文艺文法学院名誉院士、比利时皇家科学院外籍院士、英国伦敦市立大学名誉科学博士等多种荣誉学位,蜚声国际科坛。

1988年卢嘉锡以古稀之年当选为中国农工民主党中央委员会主席和政协第七届全国委员会副主席。1993年当选为全国人民代表大会常务委员会副委员长。1999年再次当选政协第九届全国委员会副主席。他以老骥伏枥,志在千里,战士暮年,雄心不已的气概,继续为国计民生和科学技术的进步与发展出谋划策。他不顾年迈体衰,仍坚持一年一度率领农工民主党成员四处考察。他先后到渤海湾开发区、陕北黄土高原、内蒙古大草原、贵州山区、广西百色地区和闽西革命老区,为当地的经济建设、社会发展、交通运输、环境保护、矿产综合利用、水利建设及温饱工程建言献策,起到很好的宏观咨询作用。

以上各节所述仅是卢嘉锡先生一生的主要事迹。最后,我们还拟用《情结》一诗来缅怀纪念卢先生的崇高品德、精湛科学教育思想和未了情怀：

人来好奇抬石鼓，我欲攀登抚苍穹。[1]
心血凝就硕果累，功夫下处着根深。
八处三地鞠躬尽，[2] 惟余清芬道德馨。
天命难违欲归去，轮椅绕园托诸君。[3]

(作者：蔡元霸　卢葛覃)

---

[1] 郭沫若先生曾游福州鼓山，并赋诗赠卢嘉锡，其中有诗句："人来抬石鼓，我欲抚苍穹。"

[2] 八处三地，指卢嘉锡自英、美回国后，先后任职过的地方，八处是厦门大学、浙江大学、福州大学、福建物质结构研究所、中国科学院、农工民主党中央、全国人大和全国政协，三地是厦门、福州和北京。

[3] 2000年末，已是重病在身的卢嘉锡，又一次回到福建物质结构研究所，来到昔日的学生、多年的同事之中，坐着轮椅巡视工作了40年的办公室、实验室、图书馆等地。

唐敖庆

中国理论化学学派的缔造者

唐敖庆

(1915—2008)

化学史家郭保章在其《中国化学史》中写道:"1963年,为了进一步培养中国的高层次理论化学人才,高等教育部委托唐敖庆在吉林大学举办了物质结构学术讨论班,由唐敖庆主讲量子化学方面的课程并作量子化学方面的研究。学员从全国各高等学校挑选,修业期间为1963年10月到1966年1月,共有8人,他们是刘若庄、江元生、孙家钟、张乾二、邓从豪、鄢国森、戴树珊、古正,日后皆为国内知名教授和博士研究生导师,其中有5名是中国科学院院士。他和他的8名学生组成的科研集体,国内称'八大员',包括沈家骢、汤心颐在内应为'十大员'。国际上称'中国学派'。"正如郭保章所言,化学家唐敖庆为我国培养了一批具有国际水平的理论化学学术带头人。缔造了享誉世界的中国理论化学学派的同时,他带领学派成员在配位场理论方法、分子轨道图形理论、高分子反应统计理论、高碳原子簇化合物结构化学理论、高分子标度理论等理论化学的多个前沿领域取得了国际领先的研究成果。"他在这方面(指培养理论化学学术带头人方面)的功绩,将和他在科学上的贡献一样,载入我国高等教育和化学学科的发展史册。"

一、生平简介

唐敖庆(1915.11.18—2008.7.15),江苏宜兴人,少时就显示了优秀禀赋，深得老师赏识。因家境拮据，初中毕业后，唐敖庆未能继续升入高中，选择了免费的无锡师范学校继续学习。为了筹集上大学的费用，师范毕业后，唐敖庆先到本县凌霞小学教书一年半，后进入扬州中学大学补习班学习。这时，《大公报》连载曾昭抡教授有关访日观感的文章，曾昭抡的学识和文采赢得了唐敖庆的钦慕。曾昭抡时任北京大学化学系教授和系主任。1936年夏，唐敖庆参加了北京大学、北平大学和同济大学选拔新生的考试，同时被三所大学录取。唐敖庆因一直仰慕曾昭抡先生，所以毅然选择了北京大学，进入北京大学化学系学习。曾先生有一个习惯，每当新生入学，他都与新生逐一面谈。入学不久，曾先生约唐敖庆面谈，使唐敖庆很受鼓舞，更加坚定了刻苦学习、立志成才的决心。抗日战争爆发后，唐敖庆先在由北京大学、清华大学、南开大学组成的长沙临时大学学习。1938年初，因长沙面临沦陷的危险，临时大学决定迁移到更偏远的大后方昆明。当时，由长沙到昆明的路线有两条：一条是乘火车取道香港，然后乘船到越南海防，再从陆路北上昆明。这一条路线安全且困难少，绝大部分教师和少数学生选择了这条路线。还有一条路线要跨越崇山峻岭，十分艰险，但可以了解社会、熟悉民情、磨炼意志。化学家曾昭抡、文学家闻一多、生物学家李继侗、地质学家袁复礼、教育学家黄子坚等少数教师和一部分学生选择了这条艰难的路线。曾先生的选择对唐敖庆震动很大，唐敖庆暗自惊叹，一个年近40岁的著名的学者还保持着年轻人旺盛的朝气，多么难能可贵呀！这一赴滇步行团跋山涉水，历时68天，行程1663千米到达了在昆明新组建的西南联合大学。1940年夏天，唐敖庆以优异成绩毕业并留校任教，很快成长为年轻教师中的佼佼者。在西南联合大学任教期间，唐敖庆经常去旁听曾昭抡、杨石先、黄子卿开设的化学方面的课，吴大猷、王竹溪开设的物理学方面的课，陈省身、华罗庚开设的数学方面的课，进一步加深和拓宽了他的基础理论功底。1946年曾昭抡、吴大猷、华罗庚三人选拔优秀青年学者赴美国学习核技术，曾昭抡推荐了唐敖庆，吴大猷推荐了李政道和朱光亚，华罗庚推荐了孙本旺和王瑞骁。上述5人1946年8月抵达美国后，因美国政府对核技术严密封锁，所以学习核技术的初衷未能实现而依照各自的专业被介绍到美国各大学。经曾昭抡推荐，唐敖庆到哥伦比亚大学化学系师从哈尔弗德（R. H. Halford）教授攻读博士学位。在哥伦比亚大学学习期间，唐敖庆主修理论化学的同时，选修了数学专业和物理专业的多门课程，其学习成绩在哥伦比亚大学学习的200多名研究生中名列前茅，同时被推荐参加了两个荣誉化学会。经过三年紧张的学习和研究，1949年11月唐敖庆提交了题为《相互独立粒子统计理论》的博士论文，顺利获得博士学位和一枚象征打开科学大门的金钥匙。

　　1950年1月，唐敖庆响应曾昭抡的召唤，回国在北京大学任副教授，半年后晋升为教授。他在北京大学化学系任教期间为本科生开设了普通化学、物理化学、化学数学等课程，为研究生开设了量子力学、统计力学、化学动力学等课程。他讲课思路清楚，内容新颖，颇受学生欢迎。1952年9月，经时任教育部副部长曾昭抡的安排，唐敖庆赴东北人民大学（吉林大学前身）与蔡镏生教授一道创建东北人民大学化学系。日后，唐敖庆谈到，在他的成长过程中曾昭抡先生起过至关重要作用。唐敖庆在上无锡师范时读到曾昭抡在《大公报》上连载的访日观感就一直仰慕曾先生的学识和民主进步思想而选择了北京大学；到北京大学上学时，曾先生与他的一番谈话又使他坚定了献身科学的决心；赴滇旅行团中与曾先生朝夕相处的 68 天又从曾先生身上学到许多东西；在西南联大听曾先生的课又获益匪浅；1946 年曾先生将他推荐到哥伦比亚大学攻读化学博士学位，为他攀登理论化学的高峰打下了坚实的基础；博士毕业后又将他召回北京大学，使他的事业具备了新的发展起点；后来曾先生安排唐敖庆赴东北人民大学工作，这些既是对他的信任又是对他的器重。

唐敖庆在东北人民大学化学系建系之初经常同时开两三门课程，每周授课多达 16 课时，先后主讲了无机化学、物理化学、物质结构、量子化学、统计物理和高分子物理化学等多门课程，在东北人民大学化学系基础课建设中做了大量开创性工作，以自己的模范教学行为，培养了一支基础理论扎实、教风严谨、讲课技艺娴熟的教师队伍。后东北人民大学更名为吉林大学，其化学系在唐敖庆等人的精心培育下很快跻身于国内知名化学系前列。1978 年唐敖庆在吉林大学化学系物质结构研究室基础上创建了吉林大学理论化学研究所并兼任所长，1986 年改任名誉所长，后该所更名为吉林大学理论化学与计算国家重点实验室，成为在国际上具有一定影响的理论化学研究中心。

1955 年 6 月唐敖庆当选为中国科学院数学、物理、化学学部委员（院士），1956 年 3 月出任东北人民大学副校长，分管科研工作，协助匡亚明校长共同管理学校的教学和科研工作，对学校的建设和发展作出了重大贡献。东北人民大学 1958 年更名为吉林大学，1960 年入选全国仅有的 6 所重点综合性大学。从 1978 年 5 月起唐敖庆任吉林大学校长，主持和领导学校全面工作，提出了一系列具有特色的办学治校措施，自觉贯彻"把高等学校办成既是教育中心，又是科研中心"的方针，使学校各项工作取得新进展，教学质量和科研水平有了新的突破。1984 年经国务院批准，吉林大学被列入首批试办研究生院的重点院校，这标志着吉林大学的发展进入一个新的历史阶段。1986 年 10 月，在吉林大学建校 40 周年庆典上，时任校长伍卓群向唐敖庆颁发了一块题有"功昭校史"的精致牌匾，以表彰唐敖庆对吉林大学作出的贡献。1990 年 6 月，在吉林大学举行的唐敖庆执教 50 周年庆祝大会上，校长伍卓群再次向唐敖庆敬献了"拼却老红一万点，换将新绿百千重"的贺幛，以示对唐敖庆的敬意和感谢。

　　1986 年 2 月，唐敖庆出任国家自然科学基金委员会主任。科学基金制度是我国科技体制改革的一项重要战略举措，突破了传统的计划拨款体制，为我国基础研究开辟了一条稳定持续的资助渠道，极大激发了科技人员爱国奉献、开拓创新的热情。唐敖庆把自己几十年科研经历中形成的对科学研究规律的深刻认识和把握，凝结成对科学研究管理的先进理念，以战略科学家的视野，为发展中国特色的基金制度，繁荣我国基础科学研究事业作出了重要贡献。他上任后悉心组建领导班子，广泛征求国内外专家的意见和外籍华裔知名学者的意见，制定了一系列规章制度，提出了"依靠专家，发扬民主，择优支持，公正合理"的评审原则，使国家自然科学基金评审工作得到科技界的广泛好评。在唐敖庆主持下，国家自然科学基金委员会发挥科学家的集体智慧，建设了一个在科技界享有盛誉的专家评审系统。到 1990 年，科学基金委员会已经拥有了由 1.5 万名通讯评议专家、51 个学科评审组和 612 名会议评审专家组成的专家系统。唐敖庆在国家科学基金委员会主持工作期间，着力营造有利于创新的环境，始终强调尊重科学规律，在科学基金管理工作中倡导和践行了科学管理理念。在唐敖庆的主持下，第一届自然科学基金委员会勇于开拓，初步建立了包括面上项目、重点项目和重大项目三个层次的资助格局，重视发挥科学基金的引导作用，把自上而下的指南引导和自下而上的选题申请有机结合起来，形成了既有自由申请又有主动组织，既有全面安排又有纵深部署，既有计划性又有灵活性的工作机制。唐敖庆在担任第一届基金委员会主任的四年任期内，资助了 10000 多个基础研究项目，包括 400 多个具有高技术新构思的探索项目，200 多个对国家、社会、经济有重要意义的重点项目及 70 多个意义深远的多学科综合交叉重大项目，共计下达 4.26 亿元资助经费。四年中先后与十多个国家的科学基金组织和学术机构建立了合作联系，资助上千个国际合作项目，全国约有 1000 个单位近 10 万人获得科学基金资助，受助的一些项目取得了在国际上具有一定影响的研究成果，从而发现和培养了一大批优秀科技人才。

唐敖庆执教近 60 年来，先后任北京大学教授，吉林大学教授，吉林大学理论化学研究所所长（1978.1—1984.5）、名誉所长，吉林大学副校长（1956.3—1978.4）、校长（1978.5—1986.1）、名誉校长，国家自然科学基金委员会主任（1986.2—1991.2）、名誉主任。1981年至1992年，他当选为中国科学院主席团成员，第一届、第二届国务院学位委员会委员，第一届国家自然科学奖励委员会委员，第二届国家自然科学奖励委员会副主任，第三届国家自然科学奖励委员会主任，第三届中国科学技术协会副主席，中国化学会第20届副理事长，中国化学会第21届、第23届理事长。他先后被聘为清华大学、复旦大学、南京大学、南开大学、北京师范大学等5所高校的兼职教授，1981年当选为国际量子分子科学院院士并被聘为《国际量子化学杂志》顾问编委，1989年被聘为编委。

唐敖庆1951年加入中国民主同盟，1958年加入中国共产党，连续当选为中共十大、十一大、十二大代表，第二届、第三届全国人大代表和第六届全国政协委员，第七届、第八届全国政协常务委员。

唐敖庆因在科学研究和人才培养方面功勋卓著而赢得了诸多的荣誉称号。他1979年6月获长春市特等劳动模范称号，7月获吉林省特等劳动模范称号，12月获全国劳动模范称号；1989年9月被国家教委、劳动人事部、中国教育总工会联合授予全国优秀教师称号；1991年获全国高校先进科技工作者称号；1994年获陈嘉庚化学奖；1995年获何梁何利科学与技术成就奖。

二、勤于耕耘，硕果累累

一个学派的领袖必须拥有学术声望。50余年的科学研究生涯中，唐敖庆在理论化学研究领域开展的一系列开拓性研究工作使他成为蜚声国内外的著名化学家，在中国学术界赢得了崇高的学术威望。唐敖庆的挚友、著名化学家徐光宪院士为吉林大学庆贺唐敖庆80华诞时出版的《唐敖庆科学论文选集》撰写的前言中将唐敖庆的研究领域概括为以下六个方面：

（1）20世纪50年代初，唐敖庆重点研究化学键函数和分子内旋转能量变化规律，提出一个可用于计算复杂分子内旋转能量变化的势能函数公式。利用该公式可以推测一系列有机化合物的性质，为从结构上改变物质的性能提供了比较可靠的依据。1954年该项研究成果发表后，立即在国内外理论化学界引起强烈反响，美国、英国、法国、德国、日本的三十多位化学家纷纷来信，向他索取论文抽印本。美国著名化学家、诺贝尔奖获得者霍夫曼（Roald Hoffmann，1937— ）称唐敖庆是研究分子内旋转理论的先驱。苏联著名化学家伏肯斯坦在自己的学术专著《高分子构型统计》里，几乎用一章的三分之一篇幅阐述了这项研究成果及其价值。一些国外学者在红外光谱的报告中，也引用了这一公式……从此唐敖庆的名字开始被国际理论化学界高度关注。唐敖庆的这一研究成果1956年获得我国首届自然科学奖（中国科学院颁发）三等奖。

（2）20世纪50年代中期，唐敖庆根据国家建设需要开辟了一个新的研究领域——高分子物理化学。从1956年9月开始，唐敖庆先后带领江元生、沈家骢、汤心颐、陈欣芳、颜德岳等人以高分子反应动力学和高分子交联理论为研究课题，对高分子的主要反应如缩聚、加聚、共聚、裂解以及交联与固化进行了深入的理论研究和实验研究，将凝胶化理论发展成为溶胶、凝胶分配理论，使研究范围从凝胶点以前扩展到全过程，形成了较完整的固化理论。在加聚反应领域提出了一种用概率论解动力学方程的新方法，并由此推导出了共聚物链段分布与分子量分布函数，将其发展成为反应机理与分子量分布关系的统一理论。在上述研究工作的基础上，于20世纪80年代末从现代标度概念出发，进一步深化了高分子固化理论研究。首先用标度概念揭示了高分子固化本质是溶胶—凝胶相转变并得到了描写这种相转变的标度定律；其次建立了含内环化反应的高分子固化理论，并将环化理论成功地应用于无机高分子（如硅酸盐聚合）方面的研究。作为该研究工作的系统总结，唐敖庆及其研究集体于1985年在科学出版社出版了学术专著《高分子反应统计理论》。这项研究成果于1989年荣获国家自然科学奖二等奖。

（3）20世纪60年代，唐敖庆带领物质结构学术讨论班的主要成员，创造性地发展和完善了配位场理论及其研究方法，成功地定义了三维旋转群到分子点群间的耦合系数，建立了一套完整的从连续群到点群的不可约张量方法，在进一步统一配位场理论各种方案的基础上提出了新的方案。该项研究的系统成果反映在1979年科学出版社出版的中英文版学术专著《配位场理论方法》一书中，更进一步的研究成果体现在1988年由科学出版社出版的中英文版学术专著《配位场理论方法补编》一书中。此项研究成果，1982年荣获国家自然科学奖一等奖。这一研究课题的研究成员有参加1963年在吉林大学开办的物质结构学术讨论班的刘若庄、孙家钟、江元生、戴树珊、邓从豪、张乾二、鄢国森和古正等8人，其中刘若庄、孙家钟、江元生、邓从豪、戴树珊等5人于20世纪50年代就开始在唐敖庆带领下开展量子化学研究并取得了一系列研究成果。

（4）20世纪70年代，唐敖庆和他的研究集体对分子轨道图形理论进行了系统研究。唐敖庆和江元生在研究中以分子的近邻拓扑作用为基点，借助数学图论中的不变量概念，从揭示分子的整体与局域的关系着手，在对分子轨道理论的两个基本问题，即本征多项式和分子轨道进行深入分析的基础上，从反映分子结构本性的分子图出发，得到了其简易直观的普遍形式。首先，他们打破了原有分子轨道理论从久期行列式的展开中求得本征多项式的思维定势，另辟蹊径，通过引进$G_n(x)$函数，利用分子图的拓扑性质，找到本征多项式与反映分子中原子相互作用的图形之间所存在的明确关系，并将这种关系简洁地表述为三条定理，把繁复的运算步骤同割断键或去掉局部链段的直观过程联系起来，据此，就可不再经过普通的展开步骤，只需画出分子的图形和有关的子图形，就可直接导出共轭分子的本征多项式，进而通过解代数方程得到能级。由这一分子轨道图形理论方法求得的本征多项式不再是只代表某个特定分子，而是包含该分子在内的某一类同系物的一般表达式。该方法简单直观，即使对很复杂的共轭分子，也能由此法简便地得到其本征多项式。其次，他们利用对称性和图形收缩方法，进一步简化计算，由分子图形得到了分子轨道的普遍计算公式。一方面利用对称性，把共轭分子本征多项式劈因子的计算还原为类似简单含杂分子的计算，得到了直线式稠环和直线式联环类分子的本征多项式，进而得到了多环丁二烯、多并苯和多联苯的能级公式；另一方面又引进收缩图，对图形进一步进行处理，使其在每一步约化中均保持只出现一个图，这样就可将许多形式不同的分子图约化为同一类型的标准图，从而简化了计算。根据这一公式，只要知道能量本征值，就可立即计算出分子轨道。总之，分子轨道图形理论引进了一系列数学技巧和模型方法，使这一量子化学形式体系，不论就计算结果，还是对实验现象的解释，均可表达为分子图形的推理形式，且该理论概括性高，含义直观，简便易行，深化了对化学拓扑结构的认识，扩大了分子轨道理论的应用范围，从而为深入探究分子结构与性质的关系以及预测共轭分子的稳定性和反应活性提供了诸多方便。该研究的系统成果反映在1980年由科学出版社出版的中英文版学术专著《分子轨道图形理论》一书中。华罗庚特意撰文，盛赞唐敖庆等人把数学与化学有机结合起来，以图论为工具把分子轨道的运算表示得非常直观和简洁。1977年唐敖庆率中国化学代表团赴美国访问，应邀在密歇根大学作有关分子轨道图形理论的学术报告，报告结束时与会者报以热烈掌声。许多专家认为，该理论进一步扩大了分子轨道理论的应用范围，是分子轨道理论问世以来的重大进展。此项研究成果，1987年荣获国家自然科学奖一等奖。

（5）20世纪80年代，以唐敖庆、卢嘉锡、徐光宪为首的研究集体对原子簇化合物电子结构和拓扑规则开展的研究是中国理论化学发展史上又一重要篇章。他们带领各自的研究团队在同一领域开展了各具特色的研究工作。唐敖庆及其研究集体从研究原子簇化合物的化学键性质和结构规则的关系入手，在对碳烷和多面体碳烷的化学键性质进行量子化学计算研究的基础上，按其骨架多面体顶点数和面数相对大小进行分类，从理论上建立了适用于多种原子簇化合物的统一拓扑结构规则。该规则比著名的韦德规则的适用范围更为广泛，可用于解释700余个已知化合物的结构，揭示了上述各类化合物化学键和几何构型之间的内在联系。

（6）20世纪90年代，唐敖庆和他的研究集体对高碳原子簇化合物进行了深入、细致、系统的研究，预见了具有I_h和O_h对称性的稳定富勒烯化合物的存在，取得了许多有意义的研究结果，为原子簇的分子设计、人工合成提供了理论依据。其主要研究成果体现在碳原子簇与硼原子簇对称性与几何结构的对应性方面提出的一系列新概念，揭示了原子簇化合物的结构和成键方面的规律，提出了新理论、新概念和新方法，在该研究领域实现了重要突破。其研究成果达到国际先进水平，2000年荣获国家自然科学奖二等奖。

唐敖庆数十年来，始终以攀登世界理论化学新高峰为己任，以其深邃而广阔的学术视野，独具匠心地不断开拓新研究领域，带领其研究集体，取得一个又一个具有国际先进水平的研究成果，成为我国唯一一位4次荣获国家自然科学奖的科学家，其中一等奖2次。

他出版学术专著 8 部，发表学术论文 260 余篇，在理论化学领域取得的一系列重要研究成果，得到国内外学界的普遍承认和关注。

三、桃李满天下，雨露遍神州

一个学派的领袖必定拥有众多弟子。唐敖庆不仅是学术造诣精深、功勋卓著、蜚声国内外的科学家，而且还是德高望重、业绩辉煌、遐迩闻名的教育家。中国理论化学研究领域的学术骨干大多与唐敖庆有师承关系。

唐敖庆十分重视教育教学工作，始终把培养人才特别是培养高水平的学术人才作为自己最神圣的职责。在东北人民大学初创时期，唐敖庆积极投身到教学第一线，先后主讲了十多门课程，经常同时开设两门甚至三门课程，以具有严格科学体系的课程内容和"备课认真，教案翔实，深入浅出，比喻生动，手势有力，板书工整，一向脱稿讲课"的独特风格，不仅塑造了化学系基础课的讲授风格，而且塑造了全校基础课的讲授风格，也影响了听过唐敖庆讲课的所有人。

东北人民大学化学系创建初期，在本科生教学工作纳入正常轨道不久，唐敖庆率先于 1953 年招收了 5 名研究生，成为全国第一批招收研究生的为数不多的教授之一。从 1953 年到 1966 年，他先后指导过物质结构、高分子物理化学专业方向的研究生 20 余人；1978 年恢复研究生招生制度以来，唐敖庆共招收 17 名博士生，33 名硕士生。在 20 世纪 50 年代和 60 年代带研究生过程中，唐敖庆体会到，依照当时的研究生招生制度很难在短期内选拔和培养高层次的理论化学研究人才。因为当时既无开放的统一的研究生选拔考试制度，也无培养高层次学术研究人才的学位制度，有科学研究实践经验的年龄偏大的研究人员更无条件读研究生，进行学术交流的全国性学术交流会议更是稀缺。鉴于此种情况，唐敖庆经过一番深思熟虑，决定以举办全国性讲习班、学术讨论班的形式加快培养高层次理论化学研究人才。

1953年，受教育部委托，唐敖庆与卢嘉锡一道在青岛举办了暑期物质结构讲习班；1954年，再度受教育部委托，唐敖庆与卢嘉锡、吴征铠、徐光宪一道在北京举办了暑期物质结构讲习班。此后的数十年间，唐敖庆多次举办了各层次的讲习班和讨论班。1958—1960年间在长春主办了以学术前沿课题为研究方向的高分子物理化学学术讨论班；1963—1965年间在吉林大学主办了物质结构学术讨论班，带领中国理论化学家进入了化学键理论的前沿研究领域，取得了具有国际领先水平的研究成果，培育了中国理论化学学派的中坚力量，使本期讨论班成为中国现代化学史上最受人们关注的一件事；1975年5月在上海有机化学研究所举办了量子化学短训班；1978—1980年间受国家教委委托在吉林大学举办了量子化学进修班，全国94所高等学校和科研单位的259名中青年教学科研人员受到了系统的培训，促进了我国理论化学研究水平的进一步提高；1985年4月在复旦大学举办了微观反应动力学讲习班；1986年7月受国家教委委托在吉林大学举办了量子化学教学研究班；1987年10月在南京大学举办了微观反应动力学讲习班；1988年7月和1989年7月受国家教委委托在吉林大学连续两次举办了暑期高分子标度理论讲习班；1994年7月受国家教委委托在吉林大学举办了全国分子光谱讲习班和谱学理论高级研讨班。认真分析上述12期各层次的讲习班和研讨班，可以发现办班时间长达两年的有3期，其余的办班时间多在数周或一个月内，有6期是在暑期进行的。唐敖庆为了在我国普及理论化学知识，培养理论化学高级专门人才，几十年来，利用节假日，穿梭于全国各高校，足迹遍布祖国大江南北，呕心沥血，殚精竭虑，付出了极大努力。他在人才培养工作中始终坚持教学与科研紧密相结合，通过教学，拓宽学员的基础理论知识的广度和深度，开阔学员的知识视野；通过科研，增强学员把握学术前沿动向和选择开拓性研究课题的能力。唐敖庆从20世纪50年代末期开始，主要以举办讨论班形式开创性地将教学与科学研究紧密结合在一起，为我国某些基础学科和应用基础学科高层次学科带头人的培养工作，提供了基本经验。

中国理论化学学派的大多数成员正是从20世纪五六十年代师从唐敖庆读研究生的学生、跟随唐敖庆开展理论化学研究的高校教师和唐敖庆等人举办的各层次进修班和讨论班的学员中涌现出来的。他们中的代表人物有：孙家钟院士，东北人民大学化学系创建时就跟随唐敖庆从事教学和研究工作，后参加了1963年的物质结构学术讨论班；江元生院士，1953年师从唐敖庆读研究生，1956年毕业后留系任教，一直跟随唐敖庆从事教学工作和研究工作，后参加了1963年的物质结构学术讨论班；邓从豪院士，1953年参加了唐敖庆和卢嘉锡在青岛主办的暑期物质结构讲习班，接着又到东北人民大学跟随唐敖庆进修理论化学半年，后参加了 1963 年的物质结构学术讨论班；刘若庄院士，20 世纪 50 年代初在北京大学读研究生时就在唐敖庆的指导下从事量子化学研究，后参加了 1963 年的物质结构学术讨论班；沈家骢院士，东北人民大学化学系创建时就跟随唐敖庆从事教学和研究工作，后参加了 1958 年的高分子物理化学学术讨论班；张乾二院士，20 世纪 50 年代初跟随卢嘉锡读研究生，后经卢嘉锡推荐参加了 1963 年的物质结构学术讨论班；黎乐民院士，20 世纪 60 年代初师从徐光宪读研究生，曾在 1963 年的物质结构学术讨论班插班听课一段时间，1978 年参加了唐敖庆举办的量子化学进修班；游效曾院士，作为旁听学员参加了 1963 年的物质结构学术讨论班，打下了坚实的理论化学基础；颜德岳院士，1961 年师从唐敖庆读研究生，在唐敖庆的指导下接受了严格的高分子物理化学方面的科学研究训练；陈凯先院士，参加了唐敖庆举办的 1978 年的量子化学进修班，为研究量子药物化学打下了坚实的基础；戴树珊教授，1953 年师从唐敖庆读研究生，后参加了 1963 年的物质结构学术讨论班；鄢国森教授，参加了 1963 年的物质结构学术讨论班；汤心颐教授，从 20 世纪 50 年代中期开始跟随唐敖庆从事高分子物理化学研究，后参加了 1958 年的高分子物理化学学术讨论班；李前树教授，20 世纪 60 年代和 80 年代师从唐敖庆读研究生，后参加了 1978 年的量子化学进修班并跟随唐敖庆从事研究工作多年。上述 10 名院士、4 名教授在成长过程中均得到了唐敖庆的精心指导并在各自的研究领域取得了显著的成就。他们在谈到自己的学术经历时无不感慨唐敖庆对自己的重大影响。山东大学原校长邓从豪院士在自己的自述中写道：

> 我感到一生有幸的是得以师从唐敖庆教授，是他把我真正领进量子化学领域，并指导我开展量子化学方面的研究。1951年我在《化学学报》上读到唐老师的关于分子内旋转和橡胶弹性的两篇文章。我不揣冒昧写信向他索取抽印本，他很快就寄了过来，并给予热情的鼓励，这充分体现了他对青年和后学者的关心和爱护。1953年青岛举办的物质结构进修班上我见到了唐老师，听了他的讲课，学习了物质结构知识；这年的冬季到次年的春季，我又跟从他进修了半年。他绝佳的讲课、渊博的学识使我无限钦仰，他对学生的关心和爱护更加使我无限尊敬……
>
> 1963年至1965年教育部委托唐敖庆举办物质结构学术讨论班。参加讨论班是我一生受益最多的学习机会。在班上不仅又听到唐老师精湛的讲学，听到不少终身受益的教导，而且结识了班上比我年轻的优秀同行。我们同窗深谈，共同切磋，其乐陶陶。唐老师给我们讲了点群、酉群、李代数和分子对称群不可约张量法等一系列课程，使我们的量子化学基础增厚和拓宽，量子化学水平得到一大步提高。

北京大学黎乐民院士在自己的自述中谈到对自己的成长产生重大影响的几位导师时谈到了唐敖庆：

唐敖庆教授是另一位讲课非常出色的老师。1962年（作者注：应为1963年）起他受高等教育部的委托在吉林大学办"物质结构学术讨论班"，我那时是研究生。当时是配位场理论在配位化学中应用的鼎盛时期，我的研究方向是配位化学，所以到该讨论班去旁听群论和配位场理论的课程。去前，我先看了格利菲斯（J. S. Griffith）的名著《过渡金属离子理论》以及有关群论方面的参考书，自己觉得内容大体上是懂了，具体的公式推导也一步步已弄明白，所以只是抱着再听一次课总会有收获的想法去旁听的。但听完课以后，感觉听与不听大不一样。唐老师的讲课有高屋建瓴之势，站得高，看得远，讲得透。对于一个问题，他从问题的提出讲起，说明解决问题的困难在什么地方，前人是怎样解决的，是否完善了，还有什么问题有待解决以及可能的突破等等。听过他的课后，回过头来再看自己原来对问题的理解，就好像站在万山丛中的谷底观察周围，只见诸峰林立，头绪万千，看不出各部分之间的联系，想不出事物之间的全貌。听课使自己站高了，对问题的认识有一种俯瞰群山的感觉，心中豁然开朗。

上海交通大学的颜德岳院士在怀念唐敖庆的《师恩难忘》一文中写道：

唐老师离开我们了。他的音容笑貌和讲台上的大师风度却一如在眼前，并且将伴随我一生。当我回顾我几十年的坎坷历程，总觉得自己之所以能立足社会，做些工作，是得益于唐老师和吉林大学的培养和教诲……

作为唐老师新入学的研究生，我对后来的学习充满了期待。果然，唐老师给我们讲的第一堂课，就把我们深深吸引了。他给我们先后开了两门课，即高分子统计理论和统计力学（包括非平衡态统计力学），为时两年。唐老师讲课的特点是从来不带讲稿，一边在黑板上推导，一边娓娓道来，引人入胜。他的板书工整苍劲，他的讲解明白易懂。无论多么复杂的公式，例如不可逆过程统计热力学中的偏微分方程，他给我们一一推演，整版整版的求解过程就连一个符号也没有差错。无论多么复杂的问题，他总是举重若轻，讲解得有条理，清清楚楚。课后他都会给我们留下作业，引导我们深入钻研。我们所有的学生都万分崇拜唐老师，觉得他是不可思议的天才，他的脑子里装着那么多的学问！

邓从豪、黎乐民、颜德岳三位院士的感受，代表了所有在唐敖庆的指导下成长起来的理论化学工作者的心声。50 余年来，唐敖庆一直辛勤耕耘在理论化学教学和研究领域，为在我国普及理论化学教育，培养理论化学研究的高层次学术人才，进而提高我国理论化学研究的学术水平，曾举办 12 期基础性的讲习班、进修班以及不同层次的学术讨论班，创造性地将教学和科学研究有机结合起来。每承办一个班，就培养一批人才，拿出一个高水平的研究成果，从而最终造就了一个富有活力的、勇于攀登世界理论化学高峰的、具有鲜明中国特色的理论化学研究集体。国际上称这一研究集体为中国学派，而唐敖庆本人也当之无愧成为中国理论化学学派的缔造人和卓越领袖。

四、崇高的风范，大写的"人"

作为学派领袖，唐敖庆不仅具有渊博的学识、巨大的学术成就，而且还具有崇高的道德威望、迷人的个人魅力。

唐敖庆是一个具有深厚爱国情结的科学家。他留学海外，学有成就，本有条件留在海外，却毅然选择回国，报效祖国。唐敖庆又是一个具有牺牲精神的知识分子，他归国伊始执教京城，却毅然挈妇将雏，受命远赴东北创建东北人民大学化学系。吉林大学原校长伍卓群教授在《缅怀唐老 学习唐老》一文中写道：

> 唐老身上最突出的特点是，道德与文章的最完满的统一。文人当中，有的有道德，但少有文章；有的有文章，但德行上却有毛病。既有高尚品德，又有锦绣文章者，虽不乏其人，但像唐老这样两方面都达到如此高度的则实属少有。唐老作为化学泰斗，他的学问，他的学术成就，享誉国际。就其文章来说，国内学者中能与之齐名者不多。而更令人景仰的是他的崇高思想和品格：对祖国的热爱，

对政治信念的忠诚和坚定，对理想的不懈追求，对事业的无私奉献，对思想和行为的严格自律，对同事的真诚、谦逊、热诚和不遗余力的帮助等等。他学问很大，但从不以权威自恃；他功勋卓著，但从不居功自傲。

唐敖庆在吉林大学任校长时的秘书刘永新教授在怀念唐敖庆的题为《一代宗师　风范长存》一文中写道：

> 唐老一生对自己要求特别严格，公私界限十分分明。他任吉林大学校长期间，没有配过专车，每天步行上下班。在他年逾古稀之后，我曾拟请校办安排他乘车上下班，他表示不同意。1986 年初，唐老去北京筹建国家自然科学基金委员会并出任主任后，他仍任吉林大学名誉校长，他的人事关系、党的组织关系、科研工作、指导研究生，以及工资关系都在吉林大学，国家在北京给他安排了一套临时住房供他和师母生活之用，于是他将吉林大学分配给他住了几十年的一套住房交回学校以解决学校办公用房不足的困难，学校将这套住房安排高等教育编辑部和理科学报编辑部办公用。后来学校在东中华路建成一栋新的教职工住宅，和其他院士一样，也给唐老分配一套住房，学校领导将此消息告诉他时，他说，国家基金委最近在北京中关村黄庄已给他安排一套住房，于是他又婉言谢绝了……
>
> 唐老在理论化学研究中获得了许多令世界理论化学领

域注目的成果，曾多次荣获国家自然科学奖、陈嘉庚化学奖、何梁何利科学与技术成就奖。由于他认为培养年轻人是关系到中华民族的未来的大事，所以他用有限的奖金设立一个量子化学研究生奖励基金，用于奖励其研究集体指导的做出优秀学位论文的研究生；他将100万元何梁何利科学与技术成就奖的奖金中的一部分赠送给吉林大学作奖励品学兼优学生的奖学金，一部分赠送给中国化学会用于奖励优秀年轻化学工作者的基金，一部分赠送给他的家乡江苏宜兴县用于家乡的基础教育。

唐敖庆的高尚的道德品质不仅体现在日常生活中，还体现在科学研究工作中。他认为，从事科学研究的人不仅要勤于实践，敏于思考，而且应具备良好的科学研究道德。就科研工作者的道德修养，唐敖庆曾提出过四条准则：一是学风严谨，态度认真；二是正确对待别人和自己，同事间真诚合作；三是实事求是地评价科研成果；四是发扬民主，促进百家争鸣。唐敖庆正是以自己的模范行为践行了这四条准则。他在科学研究工作中，严谨治学，扎实细致，尊重同行，协同创新，勇攀高峰；他在培养年轻学者和研究生过程中，言传身教，严格要求，循循善诱，教同化雨；他在科研组织管理工作中，发扬民主，察纳雅言，充分尊重专家和学者的意见和建议，他严于律己，平易近人，团结同事，勤奋工作，为繁荣和发展我国的基础科学研究事业作出了重要贡献。

在唐敖庆身边工作了六年的国家自然科学基金委员会工作人员

路宁耳濡目染唐敖庆的做人、做事、做学问的风格,曾概括地评价唐敖庆为大写的"人"。

中国理论化学学派的诸多成员正是在唐敖庆的巨大人格魅力感召下,集中在他的周围,形成了一个攀登世界理论化学高峰的坚强团队。

(作者:乌力吉)

钱临照

新中国科学事业的铺路者[1]

钱临照

（1906—1999）

---

[1] 张秉伦、关增建、吴自勤诸先生和钱临照先生的胞弟钱令希院士等对本文提出了不少修改意见，谨致谢忱。

一、家世

出无锡市东行20公里，有一小镇，名鸿声里。小镇子沿啸傲泾北岸而筑，南岸是肥沃的良田。1906年8月28日（农历七月初九），钱临照降生在该镇的一个开明的读书人家。

据说，钱临照是吴越王钱镠第58代孙，他的高曾祖是一位私塾先生，曾在苏锡之间的浒墅关授业。他的曾祖父早故，因此家道中落。钱临照的祖父在儿孙眼里好像没有太大主见，六试秀才不果，一生安分守己，终年73岁。钱临照的父亲名秉瓒，号伯圭，后以号行世。钱伯圭生于1883年，青少年时期曾入南洋公学肄业，与胡敦复是同学（钱临照后来之所以入胡敦复办的大同大学即有此一段缘由）。南洋公学是上海交通大学的前身，由清末洋务派权贵盛宣怀创办于1896年。1902年11月，南洋公学爆发了一场反封建专制的斗争，200多名学生集体退学，史称"墨水瓶事件"。钱伯圭也于此时退学返乡，在鸿声里办起了新式小学。辛亥革命前，钱伯圭即举家剪辫子，乡里噪传一时。1908年左右钱伯圭受聘来到与鸿声里接壤的荡口镇果育小学任体操教员。果育小学的创办人为华鸿模。国学大师钱穆曾在果育就读，据他回忆，当时文史教员不受人注意，因为乡间不乏宿学硕儒，自然科学教员则不易得，而体操、唱歌先生尤为难得,"此皆开风气之先者。而果育之两位体操唱歌先生,则尤为一校乃至一镇之众望所归"。钱穆盛赞"伯圭师"的民主进步思想和对东西文化的独到见解,并将自己毕生从事学问归之于他的启迪。

钱临照从父亲身上继承了民主思想和凡事独立思考、不随波逐流的个性,而他与人为善、乐于助人的品性则与荡口巨族华家的影响密不可分。钱、华两家交往的渊源可上溯至清咸丰年间。华家当时做生意,由荡口运米到苏州,卖完再买货运回荡口。从荡口到苏州要经过浒墅关,浒墅关在清季是大运河上的一个关口,对过往商船课税。浒墅关晚上封关,过往船只有等到第二天才会被放行。对此,华家颇感不便,需要在关上找人疏通,遂结识钱临照的高曾祖。两家交往日深,彼此仰慕,于是结为秦晋,华鸿模的姐姐便是钱临照的曾祖母。华家后来家业非常兴旺,钱家则因为钱临照的曾祖父肺病早故而家计困顿。适逢太平天国运动,钱家厅堂毁于火,华鸿模为钱家复建堂室,命其为"亲仁堂",并亲自撰写长跋于堂匾后,述两家姻缘及姐弟手足之情,文醇情切。钱临照幼时熟背此跋,人间亲情蕴蓄心田。华家事业到华鸿模的孙子华绎之手时发展到顶峰。华绎之秉承祖父慷慨豪侠的品性,倡善举,广施财,并将祖父创办的果育小学改为鸿模高等小学,免费收纳贫寒子弟。钱临照便是鸿模高小的一个免费生。后来他上大同大学的学费亦由华绎之负担,直到他从英国回来,华家每年都要派人挑一担年货送到钱家,而且不让回礼。钱临照晚年谈及此节,依然为之动容。

钱临照的母亲是荡口镇秀才华晓兰之女，名华开森。

二、启蒙与中学教育

钱临照没有上过私塾，自 6 岁始，在父亲办的鸿声小学就读。1915 年入鸿模高等小学，越三年毕业。钱临照的胞弟钱令希未上鸿模，而是被送入无锡梅村镇上的县立第四高等小学就读。兄弟俩异校求学是钱伯圭的特意安排，意在感受不同的风格。在鸿模高小时，钱临照已显露出坚实的国文基础，为文见解独到，深得教师赏识。他认为自己一生中曾受到过三位老师的重大影响，这三位老师中，除严济慈之外，另两位都是他在鸿模高小就读时的老师。他们是钱穆和刘天华，一位是国学大师，一位是音乐大师。钱穆于 1913 年来鸿模任教，两年后钱临照入鸿模时，钱穆适转任无锡县立第四高等小学教职。1918 年钱临照高小毕业，钱穆是年回到鸿模任教，钱临照于是延学一年从钱穆读曾国藩家书、家训，王阳明理学和唐宋文章，操行准绳益加明晰，古文根基益加深厚。这一年，他与钱穆分住一所房子的里外屋，耳濡目染钱穆的治学和为人，心中景仰。钱穆的影响在钱临照今后的治学态度和做人准则上有明显的体现，比如治学重考据的态度、宽厚待人乃至交绝不出恶声的胸襟等就是非常有代表性的几个方面。

刘天华当时在常州中学教书，受聘到鸿模兼职，每周往返一次。他周六乘火车到无锡，再换小火轮到荡口，不辞劳苦，尽心尽责。他在鸿模高小组织了一个军乐队，从此国歌的旋律回荡在小镇的上空。钱临照曾随刘天华学五线谱和小号演奏，虽然后来在音乐方面没有成绩，却从刘天华身上学到了刻苦勤奋、不畏艰难的意志。

受工业救国思潮的影响，1919年钱临照离开荡口，进入无锡荣氏私立工商中学。他在工厂实习时，学过金工、翻砂和铸造等技术，两年毕业后，本可进入荣家的工厂做技术工人，但他没有兴趣，觉得志向不在于此。1921年钱临照到达上海，父亲让他投考黄炎培办的商科职业学校（江苏省立第一甲种商业学校），他觉得做生意没有出息，一时拿不定主意。他父亲的一位有见识的朋友认为他的气质宜入大同书院学习科学，这正合钱临照的心意，于是，1921年钱临照进入了大同书院。

三、大学教育

大同书院1922年改名为大同大学，分设大学科、专修科和普通科，普通科相当于4年制初中加2年高中。钱临照在普通科修习4年后进入大同大学物理系，成为胡刚复的学生。胡刚复1909年留美，1918年以X射线的实验研究获哈佛大学博士学位。虽然胡刚复被塑造成实验物理学家，但他本质上更贴近数理理论研究。事实上他在1913年进入哈佛大学研究院时还没有在数学和物理两科之间作出取舍，后来考虑到与数学相比，物理有着坚实的实验基础，乃选择物理。从哈佛大学档案馆保存的档案资料看，胡刚复当年的课程成绩非常出色，他和同年级的美国著名物理学家肯布尔是班上最优秀的两位学生，但系主任莱曼对他的实验技能却不甚满意，胡刚复于此吃亏不少。这对他当有所触动，于是他回国后力倡物理实验,成为将物理实验引入中国讲坛的第一人。钱临照踏入物理学殿堂甫始,胡刚复便在物理实验问题上对其耳提面命。钱临照不觉将其纳入心底而酿成信念,不仅一辈子身体力行,而且在理论上也多有阐发。

　　大同大学的物理教学有两个特色,其一即为注重实验。按照钱临照的体会,胡刚复的高明之处在于通过实验训练学生手脑并用,深入理解物理学问题,而不是让学生机械地照搬实验指导书中的程序测几个数据。对胡刚复别开生面的实验教学,钱临照记忆犹新,他回忆道:"有一次他要我测量一根铁丝的磁滞回线,他要我选择一根适当的纸筒,给我一些纱包导线,要我自己计算在那根纸筒上绕多少圈才能得到需要的磁场强度。还有一次,胡先生要我把一只有毛病的墙式电流计修理好了之后,再用它来做实验。"这样费时可能多一些,实验结果也可能与书上的答案有出入,但对提高学生分析问题、解决问题的能力却十分有益。钱临照后来表现出的高超的实验技能,当得益于这种训练。"物理实验必须手脑并用"也成为钱临照有关大学物理实验理论的一个核心部分。

　　大同大学物理教学的第二个特色为注重基础。中国大学物理学教育在起步阶段曾一度空谈理论,有好高骛远之嫌。吴有训曾对这种现象痛加鞭答:"在国内理学院中,开了一些高调而空虚的功课,如算学物理学等由普通至最深的课程,无不应有尽有,要是专以课程的名称相比较,中国的大学程度似较世界任何大学为高。教者只是糊涂地教,学者只是糊涂地听,均在似懂非懂的微妙境地。这种高调的课程,对具有谈玄传统习尚的中国人,非常适合口味。"但大同大学物理系没有出现这种偏差,从一开始就运行在注重基础教育的轨道上,只开设力学、电磁学、光学、热学和以上各种实验,加上近世物理这些最基础的课程。钱临照扎实的基本功得益于这种教育方针。

当然,大同大学也有不尽如人意之处,就是经费短缺,不能多聘优秀教师,这在开阔学生的眼界方面不能不说是一个缺憾。

四、人生道路的重要转折

1929年钱临照从大同大学物理系毕业,这时他的潜能还没有机会得到充分发挥。他也没有什么家庭背景,在当时的社会现实下,他还无法对自己的未来进行理想化的设计。从现实出发,结合自己的性情,他试图去走"由助教而至教授的'正道'"。他非常希望胡刚复能帮忙介绍个大学助教职位,但胡刚复似乎没有为此尽力,对此钱临照非常失望,但他并没有为此耿耿于怀,而是对胡刚复保持着始终如一的崇敬。后来胡刚复受到不公正待遇时,他寻找各种场合纠正一些人的偏见,最终确立了胡刚复在中国物理学史上应有的地位。钱临照为人宽厚的品德可见一斑。他后来不遗余力地帮助学生,也与自己的这段经历有关。

对于毕业后找工作的经历,钱临照有一段有趣的讲述:"我多方托人介绍,然后回老家等消息,到了9月初,还没有收到聘书,我急坏了,不能在家吃闲饭,刚好大同一位朋友有个亲戚在广东兴宁教育局当科长,介绍我去兴宁教高中。走时不好意思向家里要钱,问朋友借了20块钱,从上海坐船(省钱,坐货舱)在汕头下,再换小火轮到兴宁。先教物理,后来数学、英语也教,以增加一点收入。一年后觉得没有意思,回上海,吴学蔺的父亲吴在渊介绍我在中学当教师,并做家教。一天忽然接到阮志明老师来信,要我去东北大学物理系做助教,我大喜过望,马上就走。在东北大学待了一年,九一八事变发生,东北大学许多教师在事变前早就离开了,我舍不得来之不易的位子,到很迟才与几位老教授随一位德国体育教师逃到北平。"

到北平后,钱临照借住在严济慈家。严济慈1927年曾应恩师胡刚复之约,在大同大学短期兼课,与钱临照有师生之谊。此时严济慈已是二度赴法归来,刚刚创建国立北平研究院物理研究所并任所长。由于严济慈手下已有4个研究助理,钱临照难以启齿求助,为生计所迫,打算南下就任上海英工部局一家电话局技工职位,月薪颇高,有160大洋。"上火车前我打电话向严老辞行,他让我别忙,问我愿意不愿意接受半薪助理的位子,我当然愿意,别说月薪40块钱,4块钱我也愿意。"钱临照于是痛快地回绝了英租界的差事,高兴地当了一个半薪助理。这一选择成为钱临照人生道路上的一个转折点,由此开始,他走上了职业物理学家的道路,成为中国的第一批物理学研究工作者中的一员。严济慈因此也被钱临照认为是对自己一生有重要影响的第三位老师。在国难当头,人人自危的时候,他把钱临照推上了一条充满希望的道路。

五、物理学研究初试

西方科学制度化的形成经历了很长时间,由业余科学家过渡到大学的职业科学家群体和局部的学会，再过渡到国家科学院，这是一种自然的发展道路。中国的情形不同，以蔡元培为首的一批教育家深信"我国科学智识之落后，绝非国人智慧之后人"，而是囿于空谈旧习，未对科学作实际之探讨。要使国家不受"天演之淘汰"，"惟有力倡科学化"。他们怀着科学救国的一腔热忱，竭力宣扬高深学术研究。他们等不及按部就班地走由普及而至提高的自然之路。在实施教育计划时，从大学抓起，而倡导研究则从办中央研究院开始，故而在民间尚无科研基础可言的情况下，1928年和1929年，中央研究院与北平研究院便先后成立。

20世纪30年代中国物理学研究处于初级阶段。这一时期研究者完全根据自己的兴趣、身边的条件和已有经验而展开，谈不上研究的系统性和规划性。中央研究院物理所和北平研究院物理所并无明确的任务和一定的方向，研究的目的只是要使中国有"研究"，在中国可以进行"研究"。1931—1934年，钱临照在严济慈的指导下，开展了两个方向的工作，其一为压力对照相乳胶感光性能的影响的研究。他与严济慈合作，于1932年在《法国科学院周刊》发表了第一篇论文。这不仅是我国国内研究成果发表在法国科学院周刊上的第一篇，也是国内研究成果在国外有影响的学术刊物上发表的较早的一篇。此后他又陆续在此方面发表论文3篇。其二为水晶压电和扭电现象及其在无线电上的应用。他与严济慈一起系统地研究了实心和空心圆柱长短、半径大小与由扭力所产生的电量之间的关系，还研究了水晶扭电的反现象，有7篇论文分别发表在英国的《自然》杂志、《法国科学院周刊》和《中国物理学报》上。1931—

1934年的四年间,中国学者平均每年发表物理学论文44篇,而钱临照与严济慈在此期间发表的论文,占据了当时中国物理学研究成果的相当份额,他们在中国物理学研究从无到有的转变中起了非常重要的作用。

严济慈和钱临照在实验中还发现,将水晶圆柱放在无线电振荡器中,能产生共振,与压电水晶片无异,可用作温度系数为零的无线电稳频器。这项工作"对于控制、检测无线电波频率,以及后来在抗战期间实际生产水晶振荡器提供了理论基础"。他们在民间艺人的帮助下成功地掌握了切割水晶体的土方法,可以很方便地向社会各界提供平行光轴或垂直光轴水晶片以及用于无线电稳频的压电水晶振动片等,而价格则只有舶来品的四分之一或五分之一。这是北平研究院物理所很有特色的一项工作,可视其为我国科研与应用结合的最早典范。

六、留学

1934年钱临照被录取为第二届中英庚款留学生。本届物理学科共录取3名,另外二人为朱应铣、李国鼎。中英庚款留学在为中国造就基础学科学术人才方面产生了突出的效果。以物理学为例,由此途径留学而成为优秀物理学家的除了钱临照,还有余瑞璜、张文裕、周长宁、翁文波、马仕俊、王大珩、彭桓武、郭永怀、钱伟长、傅承义、黄昆等。

1934年秋,钱临照拿着严济慈的介绍信进入英国伦敦大学学院的福斯特物理实验室,师从葡萄牙裔英国物理学家安德雷德（1887—1971）进行实验物理研究。福斯特实验室由福斯特（1835—1919）创办于1866年，是英国官方认可的最早的正规物理实验室之一。英国物理实验室的传统是，实验室主任决定实验室的发展方向和研究取向，因此实验室主任个人的特性也就成为实验室的特性。剑桥大学卡文迪许实验室历届主任都是赫赫有名的物理学家，如威廉·汤姆孙、麦克斯韦、瑞利、J. J. 汤姆孙和卢瑟福等，所以卡文迪许成为英国最强的物理研究中心。相形之下，福斯特实验室则逊色得多。进入20世纪30年代，相对论和量子力学两座大厦已经建成，核物理的研究拉开了序幕，固体物理的研究也被引向深入，面对这种局面，福斯特实验室从物理思想到实验手段都显得有点落伍。环境的局限性在很大程度上影响了钱临照能力的发挥，设想当时如果他能进入一个一流的研究中心，师从在前沿领域工作的导师，他极有可能在物理学研究上做出更大的成绩。这种假设也适用于其他一些前辈物理学家。从表面上看，这是一个机遇的问题，但在深层次上，这种现象反映出在20世纪30年代中国物理学事业的领导人还缺乏对世界物理学发展状况和未来趋势的良好把握，没有建立起与世界上一些物理学重要研究机构的基本交流，在人才培养上还大致处在心中无数的状况。谈到这一话题，钱临照非常感慨，他之所以强调导师的重要性，推荐学生去前沿研究机构工作，以及后来千方百计为他所服务的中国科技大学搜求优秀教师，都与自己的经验教训有关。

安德雷德是英国皇家学会的会员，是一个兴趣非常广泛的人，他的物理学研究主要集中在两个方面：一是金属的范性，二是流体的黏滞性，他在这两方面都曾发现过定理。此外，他对版本收藏和科学史研究也有浓厚的兴趣，是牛顿研究的行家；在诗歌方面也很有造诣，出版过诗集。他的志趣爱好与钱临照颇为相似。

初次与安德雷德交谈，钱临照即申述愿多接触各种工作，以增进多种知识。他在英国完成的第一项工作是水晶圆柱体扭电现象的进一步深入研究，这是他在北平研究院物理所工作的继续。他从伏希特的压电普遍理论出发，推导出中空圆柱体在扭力作用下内外表面产生的电荷的计算公式，纠正了前人公式的错误。按照他的推导，内外表面的电量并不等值，而是分别正比于内径平方和外径平方，他由此得到一个重要结果：中空水晶圆柱体在扭力作用下会产生体电荷。

水晶扭电的工作完成后，安德雷德让他去破解一个困扰自己多年的流体力学谜题：一个横向浸没在水槽里的水柱，在水压不高时，从水柱流出的水是平稳的层流；而当室内有个喇叭发声时，层流马上变为湍流，为什么？钱临照在极短的时间里，解开了这个谜团，原来，提供水压的水瓶是挂在木架上的，喇叭声造成支架振动，通过瓶子和水管传递给水柱，从而引发了湍流。这一问题的解决体现了钱临照良好的物理直觉和分析能力。此后，他又很快完成了安德雷德指定的研究水柱层流横截面上各点流速分布的工作。安德雷德原拟让他进一步研究从水柱发出的湍流，但钱临照的兴趣不在于此，他被金属强度问题吸引，有志沿此方向进行一些探索。

金属的最基本的物理性质是其力学强度。20世纪初，物理学家从理论上推算出金属的断裂强度约为 1000 kg/mm^2，比实际强度要大几百倍，其原因何在？1934 年发生的两件事，把钱临照导入了这一研究领域。该年秋，他刚抵伦敦，巧遇国际纯粹与应用物理年会在伦敦与剑桥两地召开，固体强度问题是大会中心议题之一，该领域的很多重要人物提交了论文或参加了讨论，此情此景对初入世界学术庭院的钱临照不啻为一剂强烈的兴奋剂。另一件重要的事情是，泰勒、奥罗万和波拉尼三人在这同一年里分别在英国《皇家学会会刊》和德国《物理月报》上发表论文，不约而同地提出晶体缺陷的位错模型。他们的文章当时在固体物理学界并没有引起多大反响，但钱临照却对这一理论深信不疑，他的敏锐的物理直觉又一次帮助他作出了正确的判断，他也由此走上了固体微缺陷研究的道路。不幸的是，位错理论在安德雷德的实验室却行不通，安德雷德与泰勒私交虽然很好，但他们的学术观点却差异很大。安德雷德对位错理论并不欣赏，这对钱临照的研究显然带来一定的阻碍，可以说他在从事晶体缺陷研究的一开始就是在一种逆境中劳作。

钱临照试图从范性形变入手，进而研究固体的力学强度。首先他注意到这样一个问题：人们对面心立方单晶体的滑移已经有相当的了解，知道其滑移方向一般是原子最密集方向，滑移面也是原子最密集的（110）面。但当时已发表的有关体心立方晶体滑移的研究结果却非常稀少，更让人不安的是，这些结果反映出尽管体心立方晶体的滑移方向一般还是原子最密集的 [111] 方向，但其滑移面并不固定，存在着（110）、（112）、（123）几种可能，似乎没有规律可循。这种状况吸引着钱临照去进行新的探索。他首先选用低熔点的钠、钾材料进行实验，他注意到在室温下（20 ℃，离钠、钾的熔点很近）钠、钾的滑移面为（123）。在进行这一实验时，他已经意识到温度可能是影响滑移面选取的重要因素，但当时由于实验条件的限制，他无法把工作温度拓展到远离钠、钾熔点的低温区域，因此他改用高熔点的钨单晶继续实验（当时在该实验室中学习的另一位中国学生周如松也参加了这一工作），实验的温度区间为20 ℃—1000 ℃，结果发现在 20 ℃和 300 ℃时，滑移面为（112），在 1000 ℃时为（110），第一次令人信服地证实了体心立方晶体滑移面选取的温度效应。钱临照在英国留学期间共发表 5 篇论文，唯有这篇文章他署名为第一作者。文章由安德雷德传送到英国《皇家学会会刊》发表。后来周如松又完成了钠单晶在 −82 ℃和 −185 ℃的滑移研究，得出钠单晶在这两个温度下滑移面分别为（100）和（112），这样体心立方晶体滑移面随温度变化的实验规律已经凸显出来。不久，安德雷德根据钱临照和周如松的实验结果总结出体心立方晶体滑移面选取的实验规律：令 $\theta=T/T_m$，其中，T 为工作温度，T_m 为金属试样的熔点，则 $\theta<0.24$ 时，滑移面为（112）；θ 为 0.26~0.5 时，滑移面为（110）；$\theta>0.8$ 时，滑移面为（123）。这是当时对体心立方晶体滑移面规律的最完整的总结。这篇文章由安德雷德一人署名。

钱临照认为自己一生中最重要的工作是这一时期关于体心立方晶体的滑移研究，但部分结果没有发表。

1937 年春，安德雷德明示钱临照，可将水晶扭电、流体力学和立方晶体的范性形变三项工作总结起来,作为博士论文,申请答辩,但钱临照婉词拒绝了他的安排,其中缘由钱临照在自传中有这样的陈述:"和我同在这一实验室的有位印度学生,他比我早来,工作很好,三年期满,他自动提出申请答辩,不知何故被教授拒绝了。印度同学受此打击,以至伏在实验桌上哭泣。我认为这是欺侮殖民地人(那时英国人对殖民地人在有意无意中有此意识),那时我即意识到我国也处于半殖民地地位。此事触动了我的自尊心,我暗下决心,不拿殖民者的学位。"

1937年4月,钱临照离开伦敦,赴欧洲大陆,拟在柏林师从施米特继续进行晶体范性形变的研究工作。不久,七七事变发生,钱临照接到严济慈从法国打给他的电话,毅然中断研究计划,立即起身回国,投身抗战工作,与祖国人民共存亡。

七、为抗战服务

七七事变后,北平研究院的工作暂告停顿,各研究所奉命迁往云南。1937年底,钱临照受命奔赴北平,将北平研究院物理所的仪器设备运至昆明。要在日本侵略者的眼皮底下把五六十箱笨重的仪器运出北平城,不是一件容易的事,这不仅需有胆量,还需要智慧。对于这一段颇富传奇色彩的经历,钱临照1995年发表在《科技日报》上的题为《国破山河在,昆明草木春》的回忆文章中有生动的描述(《科技日报》1995年11月13日、20日、27日)。由是,北平研究院物理所的工作得以在昆明继续进行。钱临照在抢运仪器一事上表现出来的智慧和能力,也令吴有训等人刮目相看。

抗战时期，北平研究院物理所的工作重心发生了很大的转变，用李约瑟的话说是"完全转向了战时工作"。全所人员为报效祖国的赤诚之心所驱使，自觉地以己之长为国家效劳，为抗战出力。具体地说，北平研究院物理所在昆明结合战时需要，主要开展了水晶振荡片的制造、应用光学和应用地球物理三项工作，钱临照是前两项工作的领导者和业务骨干。

抗战前，钱临照在北平研究院物理所时，经常需要自己磨玻璃装配光学仪器，初步掌握了磨制光学仪器的技术。在英国留学期间，"想到国难临头，一个物理学工作者应在应用技术方面也能学习一些东西"，他选择了应用光学，从磨玻璃、设计镜头入手。1935年和1936年的暑假，他都是在著名的伦敦希尔格光学工厂的磨玻璃机床边度过的。在这里他学会了用格林－揣曼干涉仪修补光学部件中缺陷的重要技术，这项技术在抗战中发挥了重要作用。

抗战中，钱临照主持北平研究院物理所的战时应用光学工作。受教育部和军政部兵工署的委托，钱临照和北平研究院物理所的其他人员一起自行设计、制造了单鼻式和三鼻式两种显微镜400余架，放大倍数为60—1400，除分配学校应用外，其余供战地医院、工厂及工业研究之需。此外，受中央水利实验处及滇缅公路工程局等机关委托制造各类测量仪器100余套，包括经纬仪、水准仪、望远镜透镜、读数放大镜及水平气泡等；为资源委员会制造缩微胶片放大显映器50余具；还为若干学校和学术机关配制实验室内之各种光学零件，如棱镜、望远镜等。

在制造显微镜物镜时遇到一个问题，需要能测定毫米级曲率半径的球径仪，这是一项外国人对我们保密的技术。钱临照等人经苦苦思索，对一台光谱仪略加改装，巧妙地利用其高精度的测量丝杆，完成球径的测量。钱临照的这一设计在中华人民共和国成立后还为许多光学仪器厂所采用。

在生产规模扩大后，北平研究院物理所吸纳了几位西南联大毕业生，还举办了"光学仪器制造科短期职业训练班"，学员为中学毕业生，他们中一些人在中华人民共和国成立后成为几个大光学仪器厂的技术骨干。钱临照在为抗战服务的同时，也为新中国培养了一批光学仪器专家。

抗战开始后，后方无线电台及军用无线电收发报机日益增多，各电台互相干扰现象越来越严重，迫切需要优良品质的无线电稳频器，为此，北平研究院物理所先后向资源委员会中央无线电器材厂、军政部电信器材修理厂和中央广播事业管理处提供了各种厚度的优质水晶振荡片 1000 余片；还为驻昆明的美军和驻印度的英国皇家空军解决了几片急需的水晶振荡片。各地军用或民用无线电设备得此配件，频率从此稳定。这项工作对改善战时我国电讯技术帮助很大。

在上述战时工作之余，钱临照还在艰难困苦中进行了一些学术研究工作。其一是发明了利用格林－揣曼干涉仪研究光谱精细机构的方法。格林－揣曼干涉仪是希尔格公司首创的，在光学部件的生产中用于光学系统的检测。钱临照在干涉仪系统中的 45 度半透明反射镜和全反射镜之间插入一个三棱镜，当有两条相邻的谱线上射到此系统中时，只要适当转动三棱镜，就可以得到两组干涉条纹交织成的水纹图形，据此可以计算出入射双线波长倒数之差。格林－揣曼干涉仪有多种用途，但用于研究光谱精细机构则是钱临照的独创。这项工作很能够反映他的科研特色：以开阔的思路和巧妙的构思，最大限度地发挥现有仪器设备的功用，做有创意的工作。

　　在这期间他的另一项重要工作是关于《墨经》的研究。在此之前，已有不少学者对《墨经》作了大量的校释疏证，然而对其中的光学、力学诸条的校释，或为谨慎歉抑之怀，概付阙如，以待知音，以至梁启超有"明珠委尘，幽兰弃莽"之叹；或曲为解说，过事夸张，如认为墨翟已发明反射定律、通晓电影原理等等，"使墨翟复生，亦将自讶其何能至此"。钱临照用现代自然科学的观点对《墨经》的光学和力学成就进行了系统的发掘整理，校释了《墨经》光学8条、力学5条，使中华古代文明曾经发出的一片灿烂光辉得以再现，并引起了全世界同行的关注。这项研究开现代墨学研究之先河，他的这篇文章被公认为中国科学史研究的经典之作。这也是钱临照自己比较得意的一篇文章，他对该文在修辞和考据方面所博得的喝彩尤感快慰。当时西南联大一些先生阅此文，对钱临照作为一个自然科学工作者而有此上乘古文和考证功夫颇为叹服，这是钱临照津津乐道的一件事。许多杰出人物听到对他们专业领域内的成就的赞扬，反应平平，但非常乐意听到对他们主业之外的技能的赞赏，这种朴实的情态让人觉得可亲可爱，这也是这些杰出人物身上表现出的作为凡人的人性闪光点。

抗战期间，钱临照以自己的胆识、聪明才智和广博学识，特别是能站在高点环顾全局而发表有见地见解的独特才能在中国物理学界赢得了良好的声誉，得到了吴有训、叶企孙、严济慈等中国物理学界一些领导人的赏识，并逐步迈进了中国物理学事业的领导层。1943年他被选为中国物理学会常务理事兼秘书、《中国物理学报》主编（当时称干事），与王竹溪一起负责学报的编辑工作。

八、乱局中的应对

1946年，萨本栋以中央研究院总干事的身份代理中央研究院物理所所长。1947年，中央研究院物理所迁入新建的南京数理化中心。萨本栋雄心勃勃，有志吸纳一流的研究人才，在一些主流的研究方向上开展工作。萨本栋选中的研究人员有赵忠尧、钱临照、彭桓武、张文裕、钱三强和吴健雄等（但后来在这些人中只聘到钱临照一人）。钱临照接到聘书后即向北平研究院物理所告假，拟在南京中央研究院物理所继续留学期间所进行的金属范性形变的研究。所里特为这项研究向国外定购了X射线设备、各式电炉和低温设备。钱临照回国后，由于设备尚未到达，他只能边等设备边进行力所能及的工作。他制备了一些单晶试样，设计了一架高灵敏度的拉伸机（能测出10^{-5}的应变量），以研究单晶的微形变。

1948年底，萨本栋因患癌症赴美国治疗，钱临照受命为中央研究院代理总干事。中央研究院从组织上说分行政、研究、评议三部分。行政工作由总办事处主持，设总干事一人，在院长指导下执行全部行政事宜，当时院长为朱家骅。钱临照在一个非常敏感的时刻遇到了一个非常敏感的问题：中央研究院是留守大陆还是迁往台湾？国民政府和中央研究院院长明令中央研究院各部门尽速迁台，而共产党则通过各种渠道向专家喊话，请他们留下来。作为总干事，钱临照的工作应该是动员和帮助各研究所搬迁。但在当时许多学者包括钱临照本人虽然对共产党没有什么认识，但对国民党政权却丧失了信心，不愿意去台湾。面对这种态势，钱临照在搬迁问题上采取了"无为"的态度，事实上他也无法有什么作为：其一他与中央研究院没有什么渊源；其二他当时的资历和社会地位，还不足以对傅斯年和姜立夫这样的人物有什么影响。在这种情况下，他自然采取了下面的主导方针，"愿意留下来的人，我帮他留；愿意走的人，我帮他走"。后来，中央研究院大部分研究所选择留在大陆，只有数学所、历史语言所两个单位迁到了台湾。钱临照自己不愿意离开大陆，但书生的愚直和善始善终的行为准则驱使他以中央研究院总干事的身份去了一趟台湾，察看迁台两个研究所的安置情况，由台湾回来后，他即卸去了总干事职。不承想这一趟台湾行，以后很长一段时间都被视为他的历史污点，给他今后的生活带来了很大的麻烦。

九、为新中国的科学事业铺路

1949 年 11 月，中国科学院成立，以原中央研究院物理所和北平研究院为基础在北京分设近代物理所和应用物理所，原机构设置撤销，钱临照成为应用物理所（中国科学院物理所的前身）的研究员。

中国头两代物理学家的典型的人生道路是青年时期出国留学、在国外做出一生最重要的工作后回国，受客观条件制约不得不中断原有的研究，步入教学岗位，成为某学术机构的领导人。中华人民共和国成立时，他们到达了人生旅途上的一个岔口，部分人由于发展科学事业的需要，被推上行政领导岗位，而另一部分人则由于政治上的原因，被列入时代的落伍者，而受到冷遇甚至后来遭到迫害。作为中国第二代物理学家，钱临照所走的道路有点独特，他与众不同之处是，回国后还长期进行着科研工作。做到这一点非常不容易，需要有三个条件：要有严济慈所一贯倡导的"一心一意做研究"的精神；要有宽广的学术视野，从而能够洞察以现有简陋条件达到有意义的研究成果的途径；要有自己动手创造实验设备条件做研究的才能。这三点是钱临照无论在战乱中还是在政治混乱中都能进行研究工作的保证。中国物理学界能做到这三点的学者是非常少的。

中华人民共和国成立后，钱临照因为上述所谓历史问题，而受到一定程度的冷遇，他没有被推上行政领导岗位，这可能有点埋没他的学术领导才能，但对围绕在他身边的年轻科研工作者来说，却是件好事。他平易近人的性格对年轻人有巨大的感召力，而他卓越的学术见解和开阔的研究视野以及饱满的工作热情，又让身边的年轻人受益良多。以他为中心，形成了新中国科研事业的一支先锋队，这支先锋队为新中国的一些科研领域做了重要的铺路工作。

1. 让位错理论在中国扎根

前面提到,钱临照在英国留学期间,对新兴的位错理论进行了跟踪研究,他几乎阅读了这方面的所有重要文献,对其发展历史有透彻的了解,在大多数学者对位错理论持否定或怀疑态度时,他已经是一个位错理论的坚定信仰者。他自觉肩负起把位错理论引入中国的使命。抗战全面爆发后许多学术机关迁到昆明,中国物理学会定期组织昆明的学者举行学术讨论会,在 1939 年的一次会议上,钱临照介绍了泰勒的位错理论,引起了广泛的关注。这是位错理论在中国的首次被介绍。中华人民共和国成立后,我国采取一边倒的政策,受苏联学术观点的影响,位错理论被高校和研究所拒之门外。虽然 1956 年门特利用电子显微镜实际观测到了晶体上的位错结构,发现它与泰勒的模型完全一致,位错理论的反对声逐渐减弱,但在中国工作的苏联专家依然没有接受它。直至 1959 年,钱临照才冲破阻力,率先在中国科学院物理所内讲授和讨论这个理论,并联合冯端等人发起两次全国性的晶体缺陷和金属强度讨论会。他与合作者写了十万言的《晶体中的位错理论基础》,为位错理论在中国的建立和传播作出了最重要的贡献。

2. 开拓中国电子显微学事业

我国的电子显微学研究工作起步较晚,中华人民共和国成立不久,钱临照曾在国民党一个广播台的仓库里发现一台未开箱的英国大都会维克斯公司造 EM2/1M 型电镜,这台电镜是如何进口的迄今还是一个谜。钱临照在一无安装资料,二无工作经验的情况下,硬是让电镜运转起来,又一次显露出他与仪器打交道的高超技巧。钱临照与合作者利用这台电镜进行了铝单晶滑移带精细结构的观察，相关文章在 1956 年第一届泛太平洋地区电子显微学会议上报告后引起很大反响，各国代表对刚刚诞生的中华人民共和国能拿出如此高水平的电子显微镜工作相关文章感到非常惊奇，这是新中国第一篇向西方国家报告的学术论文。

中华人民共和国成立后，钱临照曾受中国科学院的委托出国采购了一批科学仪器，包括为上海冶金研究所购置的透射电子显微镜。他认为中国这样一个大国，只靠进口仪器是无法满足要求的，需要自力更生。1956 年在制订我国十二年科学技术远景规划时，他与王大珩、龚祖同等组成了仪器规划小组，制订了研制电子显微镜的规划。他几次主持国家级和科学院级的电子显微镜研制成果鉴定会，积极组织国产电子显微镜应用成果交流。1979 年他联合柯俊、郭可信发起成立中国电子显微镜学会。在 1980 年该学会的成立大会上，他被推选为第一任理事长。1982 年《电子显微学报》创刊，他任主编，为推动中国电子显微学事业的发展，提高我国电子显微学的水平，发挥了重要作用。

1955 年，钱临照当选为第一批中国科学院学部委员。

十、建设科大

中国科学技术大学成立于 1958 年，校址原在北京，1970 年南迁至安徽合肥。钱临照的后半辈子是在科大度过的，他常对人说，科大是他的家，合肥是他的家。

1960 年，钱临照所在的中国科学院物理研究所金属物理实验室被并入沈阳金属所,钱临照则奉命调入中国科技大学任教。科大的建立借鉴了苏联的经验,意在利用科学院的雄厚人力物力,创办新型的社会主义大学。科大的起点非常高,由科学院院长郭沫若亲任校长,系主任分别由赵忠尧、施汝为、钱学森、贝时璋、赵九章、华罗庚、郭永怀等科学家担任,一大批中国科学院学部委员(现称院士)被动员来校任教。严济慈、钱临照等院士级的物理基础课教员进行了集体备课,大家利用晚上休息时间轮流上台试讲,相互提出批评建议,他们不仅把办好科大看成业务工作,也把它作为一项政治任务。

1969年底,为了贯彻中央有关"高校战备疏散"的指导方针,科大师生开始撤离北京,奔赴安徽,几经周折,最后在合肥扎根。钱临照与科大共进退,毅然把户口也迁到了合肥,其实他完全可以留在北京的。如果说科大在北京时,由于有许多大牌科学家参加科大的建设,钱临照的作用还不十分突出,那么到了合肥后,钱临照则真正成了科大的一面大旗,他在为科大谋求各方支持、组织骨干教师队伍、规划学科发展诸方面发挥了他人难以替代的作用。1978年后,钱临照"带领师生在短期内创建了固体微结构研究室、电子显微镜实验室和高压实验室等。他还全力支持筹集科大天体物理中心,力主创建结构成分分析中心实验室",这些实验室已发展成为在国内有一定影响的研究机构。钱临照对于课堂教学非常重视,他特别推崇严济慈《谈谈读书、教学和做科学研究》一文,文章提到"讲课是一种科学演说,教书是一门表演艺术",上了讲台就要"进入角色",尽可以"手舞足蹈""眉飞色舞"吸引学生步入探索科学奥义的秘境。这对教师有很高的要求,"必须自己知道的、理解的东西比你要讲的广得多、深得多"。钱临照正是这样去做的,他在讲授转动惯量时,亲自坐上旋转凳作演示,听课师生迄今对此记忆犹新。为了提高科大的教学水平,他在注重提高科大自身教师素质的同时,还十分留意发掘全国各地的人才,不失时机地动员他们来科大工作。

科大出国人员比例一直很高,对于师生们出国深造,他是积极鼓励的,他为此而写的推荐信已经难以计数。临终前两个月,他连说话的气力都没有了,但还是强撑着在病床上为一名学生办好了出国进修推荐。对于人才外流现象,他非常焦心,但他不愿意责怪那些滞留在国外的同志,而是强调我们自己要反省知识分子政策。他指出:对于那些没有回来的人,我们不能简单地说他们就不爱国,"同时我们也不能简单地说这些人就是为了物质享受","对于绝大多数中国知识分子来说,首要的是工作条件和环境,其次才是生活条件","中国的知识分子,一向以质朴、廉洁、勤奋、爱国而著称。只要解决了他们的后顾之忧,为他们提供了施展才华的氛围和条件,他们所释放出的活力将是无穷的"。为此,他提出我们应该从四个方面做好引导工作:"一是要推行各种行之有效、容易接受的思想政治工作,老师、朋友、家庭都来做思想工作;二是要真正捍卫科学无禁区、百家争鸣、百花齐放等方针,活跃学术气氛;三是要努力营造尊重知识、尊重人才,知识人才大有用武之地的社会风气,真正提高知识分子的政治地位和社会地位,改善他们的生活条件,解除他们的后顾之忧;四是要保证科教人员的工作环境和工作条件，使他们能专心致志地从事科学探索和发明创造工作。"钱临照去世后，科大不少中青年骨干教师不约而同地撰文，讲述了他们在国外时，钱临照每每去信，介绍国内校内情况，关怀他们在国外的工作和生活，给予他们殷切期待，从而坚定了他们学成归来、报效祖国的信念。钱临照是在以自己一颗赤诚的心与人才外流的顽疾进行着艰苦的较量。

十一届三中全会以来，我国加快经济建设的步伐，科学技术被提到了第一生产力的高度，受到了全社会的普遍关注。在国际国内政治环境、经济秩序和科技形态都处在重大变革的时期，政府决策部门面临着诸如如何进行中国的科技发展布局、如何利用有限的资源条件求得最大的科技发展效益等很多难题。一批著名科学家在强烈的责任心驱使下，自觉为国分忧，贡献了许多良策。最著名的是 1986 年 3 月王淦昌和王大珩、杨嘉墀、陈芳允 4 位院士一起向中央提出跟踪世界战略性高科技发展的建言，由此促成了具有深远历史意义的"863"计划的制订。钱临照在这种特定历史时期政府与著名科学家的独特交流中也占据了重要一席。1990 年 3 月 17 日，他与王大珩、师昌绪等 7 人联名提交了《关于发展我国计量测试科研与生产的建议书》，1994 年他联合王淦昌等 34 位院士向国家有关部门提出"关于集中精力全面建设、充分利用合肥国家同步辐射光源的建议"等等，为国家决策部门提供了重要参考意见。

钱临照晚年为自然科学史学科的发展投入了很大精力，他的贡献有如下几个重要方面：

1. 为学科基础建设做了重要工作

他积极参与中国科学技术史学会的筹建，1980年学会宣告成立，他当选为首任理事长。同年，中国科技大学自然科学史研究室在他的大力支持下宣告成立。几十年来，该研究室已培养科学史博士、硕士100多名，成为科学史研究和教学的重镇。1999年，该研究室与科技考古实验室组成了科技史与科技考古系。1981—1985年，他和王竹溪同任国务院学位委员会第一届学科评议组物理组组长，争取到在一级学科"物理学"下设立物理学史博士点。在他和另外两位院士认真推荐下，一位职业科学史家当选为中国科学院院士。可以说，他为中国科学史学科的发展做了大量的基础工作，他在为科学史学科发展拓宽道路方面发挥的作用几乎是无人可以替代的。

2. 提出了一些重要研究方向和研究课题

钱临照给予英国人李约瑟的中国科技史研究以高度评价，但并不认为它已经十分完美，他非常希望中国人自己也来对中国科技文明史做系统认真的研究。钱临照认为"科学史不只记载一些科学历史发展过程，而是要考察它的错综复杂关系"。他在"20世纪中国科技史学术讨论会"（北京，1987年9月15—19日）上提出了一个发人深省的问题："我们国家在半导体、激光和超导的研究都几乎与西方同时起步，现在，前两个方面我们落后了，第三个方面也有落后的趋向，为什么？""20世纪是物理的世纪，我们到底做了些什么？""科学史的任务不仅是要研究成功的方面，还要研究失败的方面。"钱临照的报告使与会代表受到强烈震撼，也推动了科学社会学和科技政策等相关方面的研究。

3. 为中国近现代物理学史的研究作了重要的铺垫

20世纪80年代以后钱临照写下了大量回忆文章,如《中国物理学会50年》《中国物理学会60年》,以及对胡刚复、叶企孙、吴有训、严济慈、谢玉铭、陆学善、施汝为和张文裕等物理学家的纪念文字。钱临照不为应景之作,作为一个史学素养很高的中国现代物理学事业的见证人,他自觉地承担起历史赋予他的职责,为后人的研究提供可靠线索。更重要的是,他没有停留在史实上,他进一步通过史实讲述了中国知识分子的道德标准和史家应具备的正义之心。1982年他在《纪念物理学界的老前辈叶企孙先生》一文中,淋漓尽致地宣扬了这种正义。用任之恭的话说,叶企孙是一位真正的正人君子,他对中国物理学事业贡献极大,但在"文革"开始后蒙受不白之冤,1977年初悲惨离世。1982年在许多人谈论叶企孙的历史功绩还顾虑重重躲躲闪闪的时候,钱临照第一个站出来用过硬的史料驳斥了加在他身上的诬蔑不实之词,促进了叶企孙冤案的彻底平反。

钱临照是一个豁达、幽默、乐观的人,他走到哪里就把笑声带到哪里。他也很含蓄,非常注意把握分寸,很少当面与人争执,很少疾言厉色,让人难堪。然而他骨子里是非常执着的,拿定了主意,便不会轻易改变。多年来他的健康状况一直不错,满口好牙保持一生。他胃口好,视力听力均无大碍,思维非常敏捷,案头文牍应付裕如,所以他对生活充满自信。然而1992年一场大病后,他的衰老过程明显加速,最后几年,他在生活的很多方面已不能自理,但头脑还很清醒,他显然不能适应这种变化,心境有时很糟糕。在阅读也变得非常困难后,他逐渐丧失了生活的兴味。但他并没有停止工作,1998年5月底,他坐在轮椅上最后一次参加了他的博士生论文答辩会。半年后,他因尿潴留再一次入院。1999年7月26日钱临照走完了人生的旅程,享年93岁。

(作者:胡升华)

李薰

丹心百炼钢

李薰

(1913—1983)

两个意外的结果

我国著名的物理冶金学家李薰，1913年生于湖南省邵阳县一个贫瘠的山村。祖父是清末举人。父亲是蔡锷将军的同窗，曾在民国初年做过江西省的知县。不知什么原因，一任期满之后，他再也不肯出仕。正当壮年，赋闲在家，"老"守十几亩薄田度日，家境日渐衰落。在这样的环境里，李薰度过了他的童年。

1926年，李薰离开家乡进入长沙市长郡中学，该校校长是我国著名教育家王季范先生。他非常重视文史教学，特地请来退休的武汉大学名教授周铁珊先生教国文课。教师的博学多识和循循善诱的方法，使李薰对祖国悠久的历史和灿烂的文化产生由衷的热爱，成天沉迷于唐诗、宋词、汉文之中。这样发展下去，或许李薰会成为一名文学家。可是，一个偶然的事件使他改变了爱好。

初中毕业以后，祖父逝世，他返乡奔丧误了高中入学考试。长沙所有的高等中学均已招生满额，他不得不去应考插班生。当年长沙招收插班生的学校，只有以理工科为主的岳云中学。李薰考入该校以后，开始"弃文就理"。这一转变是他的许多师友始料未及的。二十多年后，王季范老先生在第二届全国人大科学界代表的名单上看到李薰的名字，甚感惊异。攀谈之中，他饶有风趣地说："我有不少当了政治家、将军的学生，可是科学家嘛，就是你一个。"其实，李薰志趣的改变，并非没有内因。当时在爱国青年中流行的"科学救国"思想，深深地植入了这个少年的心。

胸怀救国的志愿，李薰以顽强的毅力攻读初中时忽略了的数理化课程。他的脑海里牢牢地盘绕着一个信条：成功的果实结在苦干的树上。只有比他人更勤奋、更刻苦，才能尝到成功的甜味。从那时起，他就把自己的星期天和假日取消了，把一切时间和精力都用在学习上。勤勉不负苦心人，在毕业考试中，年纪最轻的李薰获得了最好的成绩，从而免试升入湖南大学。在大学，他又以优异的成绩连续四年获得奖学金。

1936年，李薰大学毕业以后，经老师钟伯谦教授的介绍，在长沙楚怡专门工业学校任教。翌年夏天，湖南举行公费留学生考试，李薰在同学的怂恿下前去应试。上百名考生只录取三名，李薰则一举考上了英国谢菲尔德大学冶金系。

谢菲尔德城坐落在英格兰中部，素有英国钢都之称，是世界第一个感应炉诞生的地方。谢菲尔德大学堪称这个钢都的科学王宫，它的冶金系在当时科技界中具有权威性的地位。1937年，李薰远涉重洋来到这里。他的导师是声名显赫的系主任安德鲁教授。第一次入门考试，导师对这位中国学生还比较满意，可是对他的英语会话能力却表示遗憾。初到谢菲尔德，李薰住在离校较近的中国留学生聚集的地方，学友之间往来频繁，口语一直进步不快。究其原因，李薰想起《孟子》中的一句话："一齐人傅之，众楚人咻之，虽日挞而求其齐也，不可得矣。"为了尽快地掌握英语，他搬到一个远离"楚人"的英国工人家里。不久,他的口语能力就受到安德鲁教授的赞许。

那时,某些心存偏见的英国人,常以肤色衡量人们天资的高低;对于新来的中国学生,当然不会放在眼里。但是几年之后,这位中等身材、面目清秀的青年,以一连串的成就逐渐使周围的人刮目相看。1938年,李薰获得白朗敦奖章和奖金;1940年,获得博士学位;此后,结束了研究生的课业,留校担任研究员并兼带研究生。几年以后,他成为研究部的负责人,负责培养法国、英国、印度、埃及、希腊等十几个不同国籍的研究生。与此同时,他也开始了尖端科学的基础研究。

一个惊人事件引起的课题,使李薰成为世界上第一个发现钢中氢脆奥秘的人。这,又出乎许多英国人的意料。

1938年,希特勒的侵略气焰日益嚣张,战争的阴云笼罩着欧洲。英国为了自身的安全,皇家空军暗中进行着紧张的演习。有一天,一架喷火战斗机突然一头从空中摔下来,驾驶员——一位勋爵的儿子当场毙命。这件事惊动了英国朝野,白金汉宫和唐宁街立即下令进行调查。调查的结果表明:飞机失事是由引擎主轴断裂在主轴内部出现"发裂"(像头发丝那么细的裂纹)造成的。这就给冶金界提出一个新课题:为什么会出现"发裂"?怎样防止?于是,许多钢厂的试验室和研究中心开始关注这个现象。然而,时间一年一年地过去,众说纷纭,莫衷一是。最后,把这个问题提到谢菲尔德大学进行基础性研究。

李薰接到这个课题之后,经过几年艰苦的努力,终于发现钢中含氢的奥秘，进而摸清了钢中含氢产生白点需要孕育期以及钢中去氢的规律，并阐明了样品大小、时间与温度的关系。他以精辟的论点和准确的试验，为"发裂"找出令人信服的答案。这一成就轰动了西方科技界，贺电、贺信如雪片般飞来，人们公认李薰是这个领域的开拓者。谢菲尔德大学授予他冶金学博士学位。当时李薰是该校1923年改革博士制度后第二个获得这个学位的人，也是第一个获得这个学位的亚洲人。他为祖国赢得了荣誉。

"我们的事业从这里开始！"

正值华年，成名国外，人们私下预言，这颗新星将在大不列颠的科学天空里大放光彩。某些英国同行向李薰一再暗示，倘若他加入英国国籍，定会青云直上。李薰明确地回答："我永远是中国人！"有一次美国驻英使馆科学参赞访问谢菲尔德大学，他握着李薰的手说："李博士，您如果愿意到美国去，我一定竭力帮忙。"战后美国的富裕生活和耀眼的黄金美钞像磁石一样吸引过一些人，而李薰却不屑一顾，婉言谢绝了。在那个时代，金钱和地位对于年轻的学子诚然可贵，但是在李薰的心目中，最尊贵的还是对祖国神圣的爱。

战时，大西洋常有水雷出没，航路断，归国难；战后，国民党在国内闹得乌烟瘴气，归国的前景不堪设想，然而李薰的心时时刻刻在系念着祖国。他常常翘首眺望东方，内心自问：何日是归期？

1949年秋，新中国诞生的喜讯传到英伦三岛，李薰兴奋得几夜难以成眠。他举杯遥祝：祖国，您的儿子还乡有日了！1950年，李薰收到一封祖国的来信，拆开一看，顿时热泪盈眶。信中写道：

李薰先生：

  本院准备在1951年成立冶金研究所，现在即需成立筹备处，开始筹备。拟请先生回国，担任该处主任。擘划进行，如承惠允，即请先将回国日期告知……

中国科学院院长　郭沫若

  祖国在召唤！他手捧万金家书，四处奔走联系，寻找在英的中国科学家和留学生，共商归国大计。一向僻静的李薰寓所变成了众学子的会议室。他们从归国日期、程序，讨论到研究大楼的设计，以及应在国外购置哪些图书、仪器。考虑得那么周到，仿佛已置身国内了。但是，万里迢迢，欲归何易？当时朝鲜半岛战火正浓，中英互为敌国；英国政府迟迟不发签证，一拖好几个月过去了。最后还是李薰想出个办法，要求在英帝国内部旅行，地点是租借地香港，他们才得脱身。1951年秋，这个去国14年的游子终于回来了。

  一进国门，李薰立即步入热烈的欢迎气氛之中，钱三强、王大珩等同志赶来看望，郭沫若同志设家宴为之洗尘，外省的科学家寄来热情洋溢的书信。这一切使李薰深深地感到，母亲的怀抱多么温暖！不久，中国科学院下达一份文件，决定建立金属研究所，任命李薰为筹备处主任。几天之后，刚到北京不久的李薰，没有去欣赏西山的红叶，也没有去昆明湖摇荡轻舟，甚至连老家也没有回去看一眼，便突然上东北去了。

李薰参观了鞍山、抚顺、大连等几个钢铁厂，他深深地感到正在恢复的东北钢铁基地最需要金属研究所。回到北京以后，他立即向科学院建议，把研究所设在沈阳。这个建议很快被组织采纳了。

在1951年隆冬腊月的一天，冒着凛冽的寒风，李薰带领四名科学家和几名刚毕业的大学生来到沈阳南湖。望着一片空旷的荒地，他充满信心地说："我们的事业就从这里开始！"接着，他兴致勃勃地指点着前方："西面是研究大楼，东面是家属宿舍，那里应当是一条横贯全所的柏油路，对面是一座实验工厂……"几个青年人顺着他指点的方向望去，却是几片坑坑洼洼的菜地，还有败叶覆盖着的大粪坑，略远一点是一片散散落落的坟地。可是，李薰那种绘影绘形的描述，引起他们美好的想象，仿佛眼前真的出现一座科研大厦。

紧张的建所工作开始了。李薰以从未有过的热情把全部精力投入工作。他在简易食堂进餐，在集体宿舍就寝。他这个生长在南方、留学于国外、习惯吃白米和面包的"洋教授"，现在却津津有味地咀嚼着东北的高粱米、大楂子，从未提过半点特殊要求。有人问他："过得惯吗？"他说："现在是办我们自己的事，生活再苦心也甜啊！"为了祖国的复兴，他胸膛里跳动着一颗多么炽热的心！

1953年，在沈阳南湖东侧，一座灰白色的科研大楼耸立起来。门边挂着一块长方形的牌子，上写"中国科学院金属研究所"。由周总理签署的一份文件，任命李薰为所长。从此，我国第一个研究金属性能的科研单位正式组建起来了。

一个应用科学研究所应该怎样确定它的工作方针呢？李薰有一个基本的指导思想：人民拿出这么多钱来建立这个研究所，应当给国家建设解决实际问题。他常说这样一句话："不要当'波斯猫'，供人玩赏不捉耗子。我们要给国家'捉耗子'。"而他本人就是一个"捉耗子"的能手。

还在金属所筹建时期，李薰就亲自带领几个青年人建立了我国第一个金属气体分析实验室，室内大部分仪器是他亲手教青年人制造的。他经常深入鞍钢、抚钢等厂，开展钢中气体测定研究工作。有时就在炉前取出钢样，指着断面上的白点，给青年人讲解："这就是钢中含氢的症状。在定氢仪的测试下，一百克钢约含有三毫升到五毫升的氢。"原来钢在冶炼过程中，由于分解空气中的水分而产生氢，从而导致白点的形成；钢样断面上的白点愈多，含氢就愈多。要去掉钢中的氢，就需要在冶炼过程中，根据不同钢种，采取不同措施。金属所建成后的两三年中，李薰指导科研人员在鞍钢和抚钢做了数千个钢样试验，测定了平炉、电炉冶炼过程中钢液含氢量的变化，指出了钢含氢量增高的因素和降低含氢量的措施。这项研究犹如春雨甘霖浇洒在我国年轻的钢铁工业上，促使钢生产的质量节节上升，因而，1956年获得了中国科学院的自然科学奖金。

20世纪60年代初，苏联政府背信弃义，撕毁合同，撤走专家，妄图扼杀我国年轻的原子能事业。赫鲁晓夫恶意地叫嚣："中国要生产原子弹,还得十年。"在这样严峻的形势下,中国科学院下达给金属研究所一项有关核燃料元件生产流程研究与定型的紧急任务。李薰代表全所承担下来。他愤愤地说:"中国人被人看不起的时代过去了!"满腔的激愤化作必胜的信念,推动他立即组织队伍,扩充力量,由张沛霖同志任技术负责人,展开一场攻关战。激愤变为催化剂,使李薰的思想觉悟发生质变,他庄严地向党组织提出自己的申请:"亲爱的党,我要求加入您的队伍,做一名共产党员……"1961年12月,党组织批准了他的申请。从此,他以共产党员的姿态,处处站在战斗的最前列。

我国人民20世纪60年代初的物质生活是十分艰苦的,因而科研资源也很匮乏,这一切都没有影响李薰和攻关人员的战斗情绪。他与同志们一起夜以继日地在书林学海里巡游,查找资料,成年累月地在试验室内熬煎,不断交替品尝着失败的苦辛和成功的愉悦。脑汁的绞损,试验的劳乏,使李薰面容消瘦,颧骨突起,华发丛生,他却全然不顾,依然和科研人员一起战斗在第一线上。经过五年艰苦奋斗,金属所终于胜利地完成这一任务。研制的关键材料全部达到并部分超过苏联的工艺标准;经过全面鉴定,于同年正式投入生产。

轰然升腾的蘑菇云,在高空向全世界宣告:中国第一颗原子弹试爆成功了!为打破美苏核垄断作出了自己贡献的金属所,掀起一片欢乐的波浪,而李薰却诙谐地说:"我们又给国家捉住一个耗子。"

钢的性格

20 世纪 50 年代到 60 年代前期的金属所,经历了一段花团锦簇的黄金岁月。那一时期,这个所为国家提供了 69 项科技成果,当时,其中有 5 项赶超国际先进水平,3 项填补国内空白,2 项获得国家科学奖金。正当李薰和全所人员信心十足、步步向世界先进水平接近的时候,一阵狂风席卷中国大地,打乱了我国人民的正常生活。灾难降临,金属所在劫难逃,首当其冲的就是李薰。

他和家人身心受到极大伤害。科研工作停滞,李薰感到很茫然。

透过乌云密布的天空,射出一道霞光,给金属所和李薰带来一线生机,把刚从牛棚放出来的李薰,又推向科研第一线。

1970 年,一项由周恩来总理批示的"705-1"重点工程任务下达给金属所。这项任务的内容是,为我国第一颗返回地面的人造卫星研制一件防护外衣——"蒙皮"。当卫星返回地面穿过大气层时,要经受一千多摄氏度高温磨损,如果不披上一件耐高温、抗氧化的外衣,装着珍贵仪器和资料的卫星就会在大气层中燃烧殆尽。周总理批了八个字:"安全可靠,万无一失。"这项任务,一个兄弟所没有啃动,转给了金属所,李薰毫不犹豫地接受了。

他第一个提议,调整李铁藩担任一个题目组长。李铁藩是第一批随他来沈阳创业的五个大学生之一,因勤奋努力取得过多项研究成果,是一个合格的攻关人才。李铁藩没有辜负老所长的期望,他在李薰的指导下,做过无数次实验,最后创出了料浆喷涂扩散硅新工艺，找到了解决研制任务的途径。李薰还带领一批科研人员深入工厂，利用工厂的实验室边试验边试制。在关键的问题上，敢于下结论；遇到难点，能够及时指出正确的解决方法。他提出控制涂料厚度、板材双向轧制等意见，对突破难关起到决定性的作用。经过 20 天的苦战，李薰和参战人员试制出第一批合格的板材，为"蒙皮"的研制开通了道路。

当我国第一颗遨游太空的卫星安然返回地面时，举国欢声雷动，李薰和金属所的同志们感到莫大的欣慰。然而只有他们知道，这个胜利来之何其不易啊！

1971 年，一个军工厂发生了因金属材料引起的严重的质量事故，影响几百架"银燕"不能起飞，支援第三世界国家的飞机也不能保证按时发货。周恩来总理和叶剑英元帅过问了这件事，有关部门派了联合调查组。调查结果，各说不一。有的说是新钢种代替老钢种的结果，有的认为是技术人员修改工艺造成的，还有的怀疑是阶级敌人的破坏。这项紧急任务又摆在李薰面前。

李薰带领几个科研人员深入现场，进行实地调查。到厂后，首先参观生产流程，从上午 8 时到下午 3 时，脚不停步地走、看、问。当走到整形工段时，他看到几个老工人把两三毫米厚的钢板套在模子上，抡锤猛敲，几个徒工也如法炮制。于是，李薰转身问道："是不是老工人出的废品更多？"回答是肯定的。李薰接着说："我看你们的问题就出在这里，框架断裂和氢脆有关。"

李薰二十年前做的基础性研究，使他成为熟悉"钢的性格"的人。原来，金属中氢原子的半径非常小，而金属原子间距较大，氢原子可以在金属中自由地串来串去，一旦氢原子在金属微缺陷中积聚，两个以上的原子就成为分子，体积增大，不可逆转。氢分子在缺陷中愈聚愈多，产生压力愈来愈大，一直大到超过金属本身的强度，就会产生裂缝。通过金属的冷加工造成大量微缺陷之后（老工人干活劲儿使得足，微缺陷就更多），再进行电镀，进入钢中的氢气大大增多，这就使钢材氢脆问题变得严重。

原因找到了，问题解决了，国家的经济损失避免了。通过这个事件，军委陆续发现许多飞机生产质量问题，叶剑英元帅主持召开了专门会议进行研究。李薰应邀赴会汇报情况。在会议期间，周恩来总理莅会作了指示，并对李薰和金属所的工作，给予充分肯定和极大鼓励。

1972 年，李薰受中国金属学会的委派，率领一个代表团赴法国参加"氢在金属中的作用"的国际学术会议。中国代表团一到巴黎，就受到国际学术界的热烈欢迎。作为金属学界老前辈的李薰，被推选为大会主席团成员，并担任了执行主席。

会议在热烈而融洽的气氛中进行着，一篇篇学术论文阐发着新思想、新见解，而我们却空着手来到巴黎，拿不出新东西来。国际科学界的新秀层出不穷，李薰当年培养的外国研究生一个个都成为金属学的权威，作为这个领域的创始人。他在主席台上再也坐不住了，感到十分惭愧，十分遗憾！

几天的会议对李薰的触动特大，他的心头总像被一团烈火烧灼着。他痛切地感到：我国科学事业与世界先进水平的距离愈来愈大。回国之后，他急切地奔走于有关部门，大声疾呼："科学研究机构要整顿，要有为明天的问题多投入力量的研究所，要重视基础研究，要有科学储备，要爱惜、培养人才……"

顶"风"记

中华人民共和国成立三十年来，"左"的思潮对我国科技战线的冲击和破坏是很大的。同在浪里行船，金属所岂能幸免。不过，李薰顶风逆浪，竭力支撑，几度避开险滩恶浪，使金属所这条小舟较平稳地行驶在正常的航线上。

人们不会忘记 1958 年全民大炼钢铁的情景，工厂、学校、机关、公社都在搞"小土群"，日夜奋战，要"超英赶美"。在那用狂热代替科学的日子里，各式各样"卫星上天"的捷报频传。天津有人大叫，用辣椒和猪皮炼出来了"辣椒钢"和"猪皮钢"。有人询问李薰，要不要请来介绍经验。李薰看穿了那种骗人的把戏，毫无科学依据，郑重地回答："我看他们炼的是'牛皮钢'，不要请吧，否则臭名难洗。"

研究冶炼的金属所，是沈阳地区唯一没有搞土法炼钢的科研单位，它受到的冲击最小，基本上保持了正常的科研秩序。当然，有几个"不甘寂寞"的人，对李薰不热心炼钢的态度提出过尖锐的意见。李薰听之任之，一笑而过。

李薰始终主张将基础研究和应用研究保持一定的适当的比例。金属所建所以来有过几次大的方向性转变，每次转变都是由李薰和几位老科学家提出来的。但是，历次改变都遵循着一条基本原则：适应国家建设发展的需要和国际科学发展的动向。从建所初期的为钢铁工业服务到 1958 年的搞国防尖端任务,从 20 世纪 60 年代初期的发展新型材料到近来的以材料科学及工程为主攻方向,这一系列转变都是具有远见卓识的。李薰所抵制的,仅仅是违反科学发展规律的"乱变"。

1965 年,三线建设正搞得热火朝天的时候,在强调"靠山、分散、隐蔽"的指示下,金属所和其他科研所一样,被要求迁到大三线去。为此,李薰亲自到三线作了一番实地考察,回来之后,他得出一个结论:"靠山、分散、隐蔽"三条都好办,唯独不利于科研工作。因此不管上级怎么催促,他始终坚持要慎重选址,不肯轻易上马,更不肯随便动迁。后来事实证明,许多科研所迁进去以后,无法开展工作,不得不再搬出来。金属所几乎没有行动,避免了一次重大的损失。

即使在"文革"期间,李薰处于自身难保的情况下,仍然想方设法保护金属所,使其免遭更大的损失。刚离开牛棚开始工作,他就借用种种理由把遣散到农村落户的科研人员一批一批地抽调回来,防止人才流失,专业荒疏,为国家保存了这批宝贵财富。

有一件事,连金属所的某些同志至今或许还不大清楚。

那是在他刚进革委会不久,上级军管部门下了一道死命令:凡是科研所目前不用的设备,一律送交生产厂矿。当时百分之九十以上的科研项目都被"革命"挤掉了,当然绝大部分设备闲置起来,均属"不用"之例。主管设备的人按命令要求,清点,造册,准备上报;在上报之前,把清单送给李薰过目。他看了之后,像剜心一样难受,硬是扣住不报。一拖、二搪塞,风头过去了,只拿走几件无伤大体的设备,"敷衍了事"。如果清单上的设备全拉走,金属所就只有人马而无刀枪了。

李薰并没有异于常人之处,或许他的特点在于"在追求真理的同时敢于坚持真理"。当人们被"热风"吹得头脑发晕时,他能够冷静下来,实事求是地考虑问题;当人们处于"高压"气氛下不敢讲真话时,他敢于挺身而出说真话。因此,他顶住了多次来自"左"倾思潮的冲击。

科研领导者的责任

有人说,金属所舞台小、演员多;还有人说,金属所人才荟萃,能手如林。考虑起来,这些话颇有依据。金属所拥有高级科技人员70人,中级科技人员380余人,已经形成一支多学科、专业配套、兵种齐全、具有一定理论基础和实践经验的队伍。三十年的历史证明,这支队伍有一定的水平,能打硬仗,为国民经济和国防建设多次作出过重要贡献。这支队伍的成长史是从建所开始的。

以李薰的意愿,在金属所建成之后,就钻进研究室,一心搞科研,不再担任领导职务。1958年前后,他曾向领导提出过这种要求。领导跟他说,在第一线搞研究和担任领导工作都重要,现在需要你做的,是把研究所管好。他服从上级的决定,此后除兼任两个研究室主任外,就把相当多的精力放在了领导工作上。

作为所里的领导人,李薰的理想是把研究所办成科学家进行科研活动的园地,而不是管科学家的机构。他倡导学术民主,不搞行政命令。他从不随意取消他人的课题,只要有发展前景,就竭力支持。他有时宁肯牺牲个人的条件，也要保全他人的项目。他乐于做垫石铺路的人，但在某些具体问题上，免不了会产生意见分歧。每逢此时，他总是先让对方把意见谈完，然后以诚相待，求得统一。他从不以权威压人，也不放弃原则作违心之谈。

李薰学识渊博，具有综合性学科观点，熟悉国内外科学发展状况，对新事物具有高度敏感性。在出题目、定方向时，他像个高明的棋手，综观全局，每下一子，力求多看几步。

在20世纪50年代中期，当我国冶金界多数人还不理解叶渚沛先生提出的氧气顶吹转炉炼钢新技术时，李薰却给予积极的赞助。他和叶先生一样，看到了这是冶炼技术的一次革命性变化，是迅速发展钢铁工业的必由之路。他极力主张金属所与大连钢厂合作，在国内首先实现了电炉氧气炼钢，使生产率提高30%，电耗下降27.5%，明显地提高了质量，降低了成本。

20世纪50年代中后期，轧制喷气飞机涡轮叶片已趋于极限，再要提高飞行速度，必须另辟蹊径。1959年，李薰提出用精密铸造的手段试制高温合金涡轮叶片。当时，国际上只有美国在秘密研究（约从1956年始），包括以制造飞机发动机驰名世界的英国等大多数国家，仍在沿袭轧制的老路。可是，李薰提的这个项目被当时受苏联科技路线影响的人投了否决票；试制出来之后，有关部门不敢试用。李薰依然支持继续研制，后来科技发展证明，他的主张是正确的。世界各国陆续采用了铸造的方法，成为当时涡轮叶片生产最重要的工艺之一。

20世纪60年代初，金属所的精密铸造打开了通路。当时，印度的直升飞机能飞 22000 米高度，可以飞越喜马拉雅山；我们的只能飞 18000 米，越不过去；后来发现，印度飞机上有个美国铸造的涡轮增压器在起作用。有关部门提出来要金属所进行试制。金属所有前期搞精密铸造叶片的基础，很快就做出了高精度的精密铸造产品涡轮增压器。接着，有关部门在欧洲航空展览会上看到美国铸造的多孔涡轮叶片，首次认识到铸造的先进性；金属所与有关单位合作，研制出我国第一代多孔铸造镍基高温合金气冷涡轮叶片，使发动机涡轮前温度提高 100 多度，提升了飞机的使用性能。铸造合金涡轮叶片的研制成功及应用，大大缩短了我国与当时国际先进水平（美国）的差距。

李薰不仅在建所方针和科研选题这些重大问题上抓得很紧，而且从开始建所时，他就清醒地意识到，研究所能否出成果不取决于科研大楼的优劣，决定因素是人的素质。在抓大楼建设的同时，他把更多的精力用于人员培训上。当时所内主要人员，除几名国外回来的科学家外，便是二三十名刚毕业的大学生。这些青年对有关专业实际知识掌握得并不多，要使他们真正在科技战线发挥作用，还必须进一步培养。李薰认为，一个合格的科研人员应具有坚实的理论基础、广博的专业知识、熟练的实验和运算技巧、流畅的外语阅读能力和辩证唯物的思想方法。为此，他抓了三件事：一是突击学外文，二是狠抓基础培训，三是加强基本功训练。在基础培训方面，从 1951 年就组织他们轮流下厂熟习生产工艺流程，在实践中掌握专业知识，此外，还组织国外回来的科学家讲授基础理论课。李薰亲自执鞭任教，长年坚持，从未间断。在进行培训的同时，还进行严格的考核、评议，作为提职、晋级的依据。经过几年精心培育，这批幼树迅速成材，为我国钢铁工业的恢复和发展作出了应有的贡献，后来，他们大多数成为国家科研的中坚力量。

现代科学技术的发展日新月异，使得技术老化、人才老化过程加快，知识废旧率相应增高。对这个问题，李薰在20世纪60年代初已有充分认识。为了避免这些问题，适应科技发展需要，必须及时进行知识更新，大力加强人才的培养。1962年广州会议前后，李薰又主持开办了金属电子论、位错理论学习班，聘请南开大学陈仁烈等所外专家讲课。这些知识对工科出身的李薰和几位所内科学家也是生疏的，他们跟青年人一起学习，一起考试，成绩也一起公布。在他们的带动下，全所形成浓厚的学习气氛。深夜，静静的科研大楼灯光通亮，窗口晃动着埋头苦读的影子；清晨，从庭院内外的曲径旁、树丛中，发出琅琅的外语读书声。那是一段值得回忆的岁月。一位刚入所的大学生说："一进所就感到有压力，不拼命学不行啊！"其实，并没有人压他、督促他，他所感到的压力是一种"气压"——学习气氛的压力。

"青年人像海绵，要是把它放在沙滩上，什么也吸不进去；要是放在水里，就能吸取更多的水分。"李薰常常用这个生动的比喻，讲述为青年科研人员创造良好学习条件的重要性。他很重视图书馆、资料室的建设，以及对《金属学报》的领导工作，他认为这些部门工作得如何，直接关系着人才的培养和学术活动的开展。他的领导工作虽然很忙，却很重视带好研究生。对于培养研究生，他主张因材施教，基础不同，专业不同，要求方法也不同。他认为，该管的要抓得紧，该放的要放得开。比如选题、方向、研究路线要具体管，学什么东西，看什么书都得管；而对于实验设备，他仅仅指引路线，放手让青年人自己去搞。他对研究生写的论文、工作报告要求很严，先让研究生自己反复修改，直至不能再提高时，他才动手修改。他改得认真仔细，连遣词造句、标点符号都不放过。他常对青年人说："导师应该开门带路，带上了路，你们就该自己走。"

李薰既是青年人的严师，又是良友。他对青年人的严格要求与诚恳帮助是并行不悖的。陈继志第一次拿出钢锭中发纹情况的研究报告时，李薰看完之后，亲自领他到图书馆去查找资料。找到所要的资料之后，李薰语重心长地说："你看，你这个问题人家已经作出结论。以后要记住牛顿的话：如果说我见的要比笛卡儿远一点，那是因为我是站在巨人肩上的缘故。一站在巨人肩上望去，视野辽阔，不要埋头去'发现'他人发现了的东西。"二十多年来陈继志一直把导师的教诲记在心间，他后来成为第三研究室的副主任。

李薰平易近人，语言诙谐。一个深邃的道理经他口中谈出，就变得浅显易懂了。他告诉青年人不要满足于"瓮中捉鳖"，要去"五洋捉鳖"。前者只要会"捉"，就手到擒来，虽然也有贡献，但不是科学院的主要目标；后者是在广阔海洋里探索，先要断定"鳖"在哪儿，才谈得上"捉"，这就要在基础研究上下功夫。这样一个有关治学方向的问题，他用两个"捉鳖"就讲得清楚明白，令人听之难忘。

在传授知识的同时，李薰把严谨、严肃、严格的学风也传给了青年人。他提倡脚踏实地、埋头苦干的作风，反对弄虚作假、大言不惭的恶习。他说："世界上做事有四种人：一是光说不做，二是说了再做（说得多，做得少），三是做了再说，四是做了也不说。我们干工作不要学前两种人。"他的言传身教给金属所留下了良好的学术传统：干工作不大叫大嚷，拿出去的数据要有百分之百的把握。踏实的作风和实干的精神，使金属所在产业部门中赢得了信誉。

（作者：张保成）

徐光宪

中国理论化学的奠基人之一

徐光宪

（1920—2015）

1999 年在福州召开的第七届全国量子化学会议上，年届八旬的化学家徐光宪在题为《理论化学与 21 世纪"化学学科重组"前瞻》的发言中总结道："如果说 20 世纪上半叶的化学主要是采用宏观实验方法来研究，那么下半叶的化学研究方法就是微观方法与宏观方法的互相结合和互相渗透。所谓微观方法主要是指在原子分子水平上对化学现象本质进行理论和实验研究。在 20 世纪与 21 世纪之交，这两种方法的结合已经形成一种世界潮流。我国大学有幸在 20 世纪 50 年代初期就开设了物质结构与结晶化学等课程，在化学教学计划中引入化学键理论和结构化学内容，很快赶上了这一世界潮流。当时全世界一流大学的化学系本科生教学计划中，开设这两门课程的不超过 10 所。否则，我国大学本科优秀的毕业生就不可能在世界一流大学的研究生中名列前茅。"而为我国赶超世界理论化学教学一流水准作出杰出贡献的，正是这位发言的耄耋老人。

一、岁月留痕

徐光宪（1920.11.7—2015.4.28），浙江绍兴人。少年时代，他常听母亲讲"家有良田千顷，不如一技在身"，因而为了尽早自立，徐光宪学习一直很努力且成绩优秀。他仅上一年高中，就于 1936

年9月转入浙江大学附属杭州高级职业学校土木科就读。在此期间，他曾参加当时的全省青少年数学考试，并获得第二名。

1939年徐光宪从高级职业技校毕业时，正值抗日战争的艰苦岁月，社会也极为动荡不安。在赴昆明就职的途中，他的路费被领班私吞，致使他滞留上海，靠当家庭教师度日。因无法就职，他打算继续拾起学业。他省吃俭用积攒学费，积极作应考准备，曾把当时流行的豪尔与奈特所著《大代数》和史密斯与盖尔所著《解析几何学》中的全部习题都做了一遍。1940年他顺利考入上海交通大学化学系。大学四年，他的学业成绩在班里一直稳居前列，他于1944年7月毕业并获理学学士学位。短暂工作一段时间之后，徐光宪于翌年又回到交通大学担任化学系顾翼东教授的助教。工作之余，他努力自学，抽空做完了诺伊斯和舍瑞尔所著《化学原理》中的498道习题，以及鲍林和威尔森所著《量子力学及其在化学中的应用》里面的全部习题，并经常去交通大学化学所旁听吴学周先生开设的量子化学课。这些训练为徐光宪日后从事理论化学研究打下了坚实的基础，也促使他产生了进一步深造的想法。

1948年1月，徐光宪考取了自费公派赴美国留学生，进入了美国的圣路易斯华盛顿大学化工系读研究生。但一学期下来，他迟迟拿不到助教资格，这样将导致他的生活没有着落。急切之下，他辗转联系到在美国哥伦比亚大学的中国留学生唐敖庆，经唐敖庆推荐，徐光宪转入哥伦比亚大学学习。徐光宪在哥伦比亚大学因成绩优秀而很快获得助教职位，解除了生活上的后顾之忧。他用一年时间就获得了硕士学位，然后开始攻读博士学位。在哥伦比亚大学期间，徐光宪与唐敖庆同住一个宿舍，朝夕相处，两人之间开启了长达60多年的交往。徐光宪博士论文的研究方向为量子化学，攻读博士期间，他于1950年7月因成绩优异被推荐加入美国菲拉姆达阿珀西龙荣誉化学会。翌年3月，徐光宪完成了题为《旋光的量子化学理论》博士论文，荣获博士学位，被选为美国西格玛克塞荣誉科学会会员。[1]

徐光宪仅用两年零八个月的时间取得了世界名校哥伦比亚大学的博士学位，其导师贝克曼看好徐光宪的学术潜质，曾挽留他留在美国继续从事科学研究，并推荐他去芝加哥大学马利肯（1896—1986，1966年诺贝尔化学奖获得者）教授处做博士后研究。当时徐光宪的妻子高小霞正在攻读博士学位，若徐光宪去马利肯教授处从事研究工作，不但自己可以获得好的科研环境，而且也可以为高小霞创造良好的攻读学位的条件。当时朝鲜战争已经爆发，中美关系异常紧张，徐光宪和高小霞均感到祖国更需要自己，高小霞毅然中断攻读学位，徐光宪也放弃即将到手的工作，夫妻俩借华侨回国省亲的名义，于1951年4月回到祖国。回国后，徐光宪经先期回国的唐敖庆推荐，受聘于北京大学化学系担任副教授，同时还兼任燕京大学化学系副教授，开始着手培养量子化学和络合物化学方面的研究生。1952年9月，教育部对全国高等院校进行调整时，徐光宪和高小霞很幸运未被调整，继续留在北

---

[1] 上述两个学会是美国非营利科学荣誉组织，吸收那些学业优秀并致力于科学研究的学者加入。

京大学任教。[1]

1954年暑期,徐光宪与唐敖庆、卢嘉锡、吴征铠等人在北京主办了物质结构讲习班,为全国高校培养了一批理论化学方面的教师。之后徐光宪根据讲习班的讲课材料和在北京大学讲授物质结构课的讲义,编写出版了全国高校使用数十年的《物质结构》教材,引领众多学子踏进了理论化学的殿堂。1956年,徐光宪与唐敖庆、卢嘉锡等参加了我国首届科学发展中长期规划会议,为中国化学学科长远发展提出了重要建议并被采纳。同年8月,徐光宪还在郑州大学主办了一次规模较小的物质结构讲习班,继续为培养本土理论化学人才作出贡献。

1957年9月,由于国防和学科建设的双重需要,徐光宪被任命为北京大学技术物理系副主任兼核燃料化学教研室主任,开始从事核燃料萃取化学研究。与此同时,他开始讲授原子核物理导论、放射化学、核燃料化学、萃取化学、络合物化学、量子化学、物质结构等相关核燃料提取技术的多门课程,为我国培养了第一批放射化学人才。之后的很长时间里,出于国防建设的急迫要求,徐光宪一直致力于铀-235同位素分离方法的研究,并参加了重铀酸铵的研制工作。

由于研究和教学工作成绩卓著,徐光宪于1961年晋升为教授。此时,因苏联撤走了派来帮助中国研制核武器的专家,徐光宪等国内学者成为中国核武器研究的中坚力量。值得一提的是,

---

[1] 2010年1月8日笔者采访徐光宪院士时,他向作者提及了这段经历。

1964年8月，二机部在青岛燕儿岛召开了有关核燃料提取技术方面的秘密会议，徐光宪参加了这次会议。这次会议决定摒弃苏联提供的沉淀法，采用我国自行研究的较沉淀法先进的萃取法筹建核燃料后处理厂，以便提取制造核武器的原料钚。徐光宪在此发挥了重要作用。

"文化大革命"期间，徐光宪由于海外学习和工作的经历，受到了排挤和迫害。但他没有放弃研究工作，曾用一段时间潜心研究化学中的自然辩证法。"文革"后期，从1972年开始，徐光宪又转向稀土分离和萃取方面的研究，并很快获得突破，于1975年提出了稀土串级萃取理论。他和合作者经过多次试验最终摸索出了不经过小试和中试，一步放大的稀土分离新工艺，使我国稀土分离工艺一跃达到国际先进水平。1976年6月至7月间，依照有色冶金研究总院的请求，徐光宪在上海耀龙化工厂主办了一期串级萃取讨论班，当时有中国科学院、冶金部、部分高校和一些大型稀土厂的技术骨干100余人参加此次培训，为稀土串级萃取技术在全国各稀土厂的推广应用打下了基础。

1978年，徐光宪凭借"稀土串级萃取"理论荣获全国科学大会奖。之后，随着基础理论研究逐渐受到重视，徐光宪重新回到自己更为擅长的量子化学研究领域继续开展研究工作的同时，一方面招收量子化学研究方向的研究生，另一方面响应兄弟单位的请求将北京大学、中国科学院化学所、南开大学化学系的需要量子化学理论基础的研究生合在一起，举办了一期量子化学研究生班，并根据在该班授课的讲义与他人合作编写了《量子化学》专著上、中、下三卷，由科学出版社出版，填补了我国在此领域的空白。

1980年，徐光宪当选为"文化大革命"结束后的第一批学部委员（院士）。可喜可贺的是徐光宪的夫人高小霞也一同当选为学部委员，夫妻同时当选院士，成为中国化学界的一段佳话。

徐光宪与夫人高小霞相濡以沫52年（1946—1998），互相提携，互相砥砺，在同一大学科的不同领域都有重要建树。他的夫人高小霞院士在电分析化学的极谱分析领域开创了一种简捷灵敏的方法，可对几十种微量元素进行分析。她还将极谱分析方法移植到稀土分析领域，开辟了稀土分析的一个崭新领域。高小霞院士在分析化学教学和研究领域所做的开创性工作，使其当之无愧成为我国最杰出的分析化学专家之一。从20世纪70年代末开始，徐光宪将自己已经开展数年的稀土化学研究与量子化学研究结合在一起，开展了对稀土化合物结构的量子化学研究。他与研究小组共同努力，积极探索适用于稀土电子结构研究的量子化学计算程序，对不同类型的稀土化合物结构进行了系统的量子化学计算，取得了一系列具有重要创新意义的研究成果。为了进一步扩大研究领域，20世纪80年代后期，徐光宪创建了北京大学稀土材料化学与应用国家重点实验室，担任首任主任，使其成为我国稀土基础研究和应用研究的重要基地。

20世纪80年代，徐光宪在理论化学研究领域独树一帜，提出了普适性更广的（$nxc\pi$）格式和原子共价的新定义，建立了适用于稀土元素的一整套量子化学计算方法，将量子化学理论成功应用于实际，成为基础理论研究和应用研究有机结合的光辉范例。

二、"一生为科学，耄耋犹耕耘"[1]

徐光宪于20世纪50年代回国初期，主要从事量子化学研究，发表了10多篇量子化学方面有影响的研究论文。但是他很快敏感地意识到国际上正在兴起的溶液络合物研究，在国内也具备条件开展研究，他迅速抓住时机，率先在国内开展了溶液络合物平衡理论的研究。他从两个方面着手：一是改进仪器设备，提高测量精度；二是改进实验数据处理方法。通过上述两个途径，徐光宪在络合平衡常数测定方面的研究工作迅速达到国际先进水平，带动了国内相关方面研究。徐光宪根据络合平衡与吸附平衡相似性提出的络合平衡吸附理论，简便地解释了溶液中弱络合物的平衡过程。他还进一步完善和发展了测定萃取平衡常数的两相滴定法。正是这一时期的研究工作，为他后来成功地开展核燃料萃取化学和稀土化学研究打下了良好的基础。

20世纪50年代中叶到60年代初，徐光宪还与他的研究生一道继续进行了一系列量子化学研究，解释了化学键的四极矩对生色团的微扰作用是决定旋光度的主要因素；提出了电子能级组分组的简便规则（$n+0.7l$），又将其编入《物质结构》教材中；改进了计算原子电离能的斯莱特方法，也编入教材中；用自由电子模型解释了淀粉团与碘复合物的光谱；用 LCAO—MO 方法系统地

---

[1] 徐光宪院士80岁华诞时，1963年物质结构学术讨论班的学员北京师范大学教授刘若庄院士的贺词是"桃李满天下，名利如浮云，一生为科学，耄耋犹耕耘"。

研究了简单无机共轭分子的成键特性。上述研究工作与唐敖庆等人的早期量子化学研究工作一道，成为我国理论化学研究的先声。

20世纪70年代初，徐光宪接受国防科研新任务，开始从事稀土元素的分离提纯研究。他借助过去在络合物平衡和萃取化学研究中积累的成果和经验，设计出季铵盐—DTPA推拉体系，使稀土元素中难以分离的镨钕分离系数从一般萃取体系的1.4—1.5达到4以上，分离水平一跃上升到国际先进水平。他曾八次去包头稀土三厂进行试验，针对稀土原料含有10个以上组分的复杂情况，在国际上首次提出了稀土串级萃取理论和计算最优化工艺参数的理论公式及计算程序，找到了无需经过小试和中试一步放大到生产的新的工艺流程并迅速在全国各稀土研究院所和稀土厂得到推广应用，使我国稀土分离技术达到国际先进水平，从而推动我国高纯稀土产量大幅增加，使国际单一稀土价格下降至原来的三分之一到四分之一，被国际同行称为"中国冲击波"（China Impact），对世界稀土工业发展史产生了深远影响。他本人也因此被称为稀土界的"袁隆平"。

20世纪70年代末全国科学大会之后，基础理论研究受到重视，徐光宪和黎乐民等人恢复了中断十余年的理论化学研究。当时因缺乏国际学术交流，还无法得到国外已有的从头计算程序，于是他们自力更生，编写从头计算程序，改进了STO—KG基组中的参量，从而使改进的STO—3G达到STO—4G的精度，计算时间仅相当于STO—3G，同时利用分子对称性原理，避免了大量分子积分的重复计算。

徐光宪及其所带领的量子化学研究集体，始终将理论研究和实际应用密切结合，注重用理论解释和解决实际化学问题，这成为其重要的研究风格和特色。徐光宪对我国有机化学家蒋明谦提出的有机化合物的指数型同系线性规律进行了量子化学理论分析，根据休克尔近似方法，通过证明一个图论定理和引入适当假定，导出了正弦型同系能级线性规律的公式，把同系线性规律及其有关问题的研究向前推进了一大步，引起了国内外同行的关注。徐光宪还用量子化学理论对大量原子簇化合物成键类型进行了深入的研究和分析，并在此基础上提出了共价键的新定义和（$nxc\pi$）结构规则，证明了铍的共价键为6，镍的共价键为8。他借用霍夫曼的分子片概念，将分子看成由分子片所构成，并因此揭示了分子结构变化的一系列新规律，从而跨越了无机分子和有机分子之间的鸿沟，为预测分子的结构类型和稳定性以及指导合成实验提供了有效的理论依据。徐光宪也运用量子化学的理论对稀土化合物进行了深入研究，在国际上首次建立起适用于稀土化合物电子结构研究的 INDO 方法和计算程序，对不同类型的稀土化合物进行了量子化学计算，并结合（$nxc\pi$）结构规则，对其成键情况进行分析和研究，在稀土化合物电子结构和成键类型方面获得了一系列创新科研成果。

从其发表论文的分布方面看，徐光宪及其研究集体在稀土化合物的电子结构与键型分析方面发表的论文有 32 篇，约占其在整个量子化学领域所发表的 94 篇论文的三分之一；在原子簇化合物的量子化学研究方面，发表了 24 篇论文，约占其整个量子化学研究领域发表论文总数的四分之一；在同系能级线性规律方面发表的研究论文有 7 篇，约占整个量子化学领域发表论文总数的十三分之一。三项合计发表论文数约占量子化学研究领域发表论文总数的三分之二。由此可以得知，徐光宪量子化学方面的主要研究工作还是集中在实际应用方面，且在稀土化合物结构研究中大量使用了量子化学方法。上述三个方面的研究工作成为我国应用量子化学方面比较系统和完整的重要成果。

三、"德清臻上寿，师道仰高风"[1]

在执教的 60 余年中，徐光宪曾经开设和讲授过十多门不同领域的课程，其中物质结构和量子化学这两门重要基础课程对中国理论化学领域产生了重要影响。

20 世纪 50 年代后期，徐光宪根据自己多年在北京大学讲授物质结构课的讲义以及 50 年代初在物质结构讲习班讲课的体会，查阅大量原始文献和参考书，经过消化、整理、创新，化繁为简，化难为易，用通俗易懂的形式精心编著了《物质结构》一书，并于 1959 年出版。这本书，内容丰富，条理清楚，通俗易懂，概念表达准确深刻，化学键内容写得尤为精彩，受到高校教师和学生的欢迎，在全国各高校使用多年，曾在 1961 年、1963 年、1978 年、1983 年四次再版。不但被综合性大学的相关院系普遍选用该教材，而且师范院校的化学系，工科院校的化工系、冶金系、染化系、材料系也

---

[1] 徐光宪 80 华诞时，1963 年物质结构学术讨论班的学员、原四川大学校长鄢国森教授的贺词是"德清臻上寿，师道仰高风"。

采用了这本教材。根据估算,读过这本教材的师生人数应该有 20 万。这本教材在提升我国物质结构课教学的总体水平,使我国物质结构课教学水准与世界著名大学水准接轨方面发挥了重要作用。因而这本教材于 1988 年荣获国家教委颁发的"高等学校优秀教材"特等奖。

1965 年,为了适应当时教材改革形势的需要和工科、师范类院校的特点,在 1959 年版《物质结构》一书的基础上,徐光宪又编写出版了《物质结构简明教程》一书,并介绍了配位场理论。在 20 世纪 80 年代初,徐光宪根据物质结构学科的发展情况,在王祥云教授的协助下,对《物质结构》一书进行了较大的修订和补充,对化学中无明确定义的原子价、配位数、氧化值等重要概念,专门设置了一章的篇幅进行了深入的讨论,并将旧版中的定性原子轨道和分子轨道能级图全部更换为定量的原子轨道和分子轨道能级图。全书经唐敖庆教授审阅后于 1987 年出版。

就《物质结构》一书的影响情况,厦门大学的张乾二院士在回忆中写道:早在 50 年代初期,我就听卢嘉锡先生赞扬徐先生夫妇避开美国政府阻挠毅然回到新中国的壮举……言谈中,卢先生很赞赏徐先生的才华与高尚品德,令我对徐先生产生敬佩之情。研究生毕业后,卢先生就委托我讲授物质结构课,讲课时虽然有卢先生的讲授提纲可以遵循,但由于没有中文教材,给学生课后复习带来不少困难。1959 年徐先生的《物质结构》教材(上、下)由人民出版社出版之后,师生们为我国自己编著的第一部物质结构教材而自豪、高兴,"文化大革命"前我们就一直使用这部教材,"文化大革命"

后虽然陆续有几部相关教材出版，教育部也推出新的教学大纲，但厦门大学化学系仍然以徐先生的书作为主要参考书。我在学习和使用徐先生的《物质结构》这部书时受益很多。

1978年，已经年届60岁的徐光宪给"文化大革命"结束后招收的第一届研究生开设量子化学课。之后根据课程讲义与黎乐民、王德民等教授共同编写出版了《量子化学——基本原理和从头计算法》（上、中、下）三册，分别于1980年、1985年、1989年由科学出版社先后出版。该教材内容丰富，全面反映了量子化学学科发展的现状及趋势，在基本原理和重要公式推导方面详尽细致，受到理论化学界的普遍好评。张乾二院士对这套书也有很高的评价：徐先生的另一部著作《量子化学——基本原理和从头计算法》也是我们化学系研究生的基础教材，它的结构框架概括了量子化学的各个分支领域及理论方法，可以引导研究生向自己感兴趣的方向开展研究，书中的习题既可以巩固基本知识，也可以作为从事理论研究的范例。

吉林大学的孙家钟院士对这两套书同样给予了很高评价：徐老师于20世纪50年代所撰写的《物质结构》是一部传世的经典著作，1981[1]年获全国优秀教材特等奖，对全国的高等院校的老师和学生，在介绍现代原子结构及分子结构的知识方面起到奠基的作用，经历了50年的时间，其深刻的影响仍然依旧。这部专著对我本人讲授物质结构课程起到了指导作用，书中内容贯穿了辩证的思想，启发

---

1 应为"1988"——引注。

人们正确地认识微观世界。徐老师与黎乐民老师等共同撰写的《量子化学——基本原理和从头计算法》，结合中国实际情况，在理论与应用两个方面，给予精辟而透彻的阐述，提高了我国的量子化学水平。我曾认真地学习过这部专著。我深深感受到这是一部完全自洽的书，上、中、下三卷内容极其详尽，在国内外都是一部十分优秀的量子化学专著。

除了编写教材专著，徐光宪在其 60 余年的科研教学生涯中，还培养了一大批优秀人才。除前已述及的张乾二院士、孙家钟院士在其成长过程中深受徐光宪先生的教益以外，北京大学的黎乐民院士、高松院士更是在徐光宪的直接指导下成长起来的。

北京大学黎乐民院士在谈及对他的成长有过重大影响的邢其毅、唐敖庆等人后，说：我接触最多、相随工作时间最长的是徐光宪先生。1962 年开始我是他的研究生，1965 年毕业后留校，又在他领导下工作。他给我最深刻的印象是对科学事业的执着追求，不怕困难百折不挠的进取精神……从我认识他以来从未见过他停止过研究工作。在"文化大革命"中绝大多数人无所事事的时候，他还在家里搞量子化学计算。1977 年科学春天刚刚到来的日子，他兴奋异常，虽然当时已年近花甲，仍夜以继日地工作，每天只睡四五个小时。即使今日他年过七旬，仍在孜孜不倦地工作。他以言传身教向学生显示了"业精于勤"的道理。徐先生的另一个突出特点是很注意培养和提拔年轻一代。他经常勉励学生和助手树立雄心壮志，为祖国科学事业作出贡献，鼓励大家超过自己，希望"青出于蓝而胜于蓝"。他发扬学术民主，科学问题让大家充分发表意见，以此培养和锻炼学生和助手的才能。他见到学生助手有一定能力后就放手让他们工作，委以重任，把年轻一代推向前台。几十年来，他为国家培养出一大批人才，其中不少人已成为我国科技和教育战线的骨干。

北京大学年轻化学家高松院士在谈及他的成长过程时写道：1990年春，全国量子化学会议在山东济南召开，徐先生积极支持像我们这样在读的研究生去参加这样的学术会议。会议期间，热情地介绍我们与一些知名学者认识，并鼓励我与他们进行交流……硕士毕业时，我仍被推荐为徐先生的博士研究生，当年暑假，我从家乡给徐先生写了封信，谈了自己的研究兴趣在更靠近基础理论化学的课题上，如原子簇化合物的结构与性质等，希望博士期间调整一下。开学一到学校，我还在担心要挨批呢，但恰恰相反，徐先生和李老师热情鼓励支持我进行新方向的研究，还请黎乐民老师指导我进行一些量子化学的计算。在我写博士论文后期，他又积极鼓励我进行 4f—3d 异金属分子合成，结构与磁性研究。这些为我近年来的工作打下了比较扎实的基础，我从心底感谢徐先生、李老师、黎老师和稀土中心的其他老师这些年来对我的厚爱。

徐光宪1951年回国后一直在北京大学化学系（化学与分子工程学院的前身）工作。60余年来，在徐光宪的直接指导下，北京大学化学与分子工程院涌现出了黎乐民、黄春辉、高松、严纯华等4位院士。在他的教学和学术思想引领下，北京大学化学与分子工程学院以及他曾经工作过的技术物理系，更是为我国化学界培养了一批卓有建树的专家和学者。

四、情谊真挚，共创辉煌

徐光宪与唐敖庆之间的友谊，很久以前就成为科学界的佳话。他俩最早是在 1948 年在美国哥伦比亚大学读书时认识的，后来在北京大学又成为同事。徐光宪在一篇自述中曾写到由唐敖庆介绍他们夫妇俩到北京大学工作的过程：我于 1951 年获博士学位，学校盛情留我，但抗美援朝已经开始，钱学森等回国被阻，我怕以后更难回去，因此与小霞商量，只好让她放弃最后学位，一同假借华侨省亲之名于 1951 年 5 月回到祖国，由哥伦比亚大学同学唐敖庆介绍，我们到北京大学任教。

1990 年，吉林大学为庆祝唐敖庆教授执教 50 周年，由《高等学校化学学报》编辑部编辑出版了一部学术论文专集。徐光宪为该专集题写了《热烈庆祝唐敖庆教授执教五十年》的热情洋溢、充满感情的序言。该文首先对唐敖庆的科学研究和人才培养工作作出高度评价，接着又写到唐敖庆对自己的巨大帮助：我和唐敖庆同志相识已有 42 年。42 年来他始终是我的良师益友，在我的重要人生转折点上，都曾给我深刻的影响和热情的帮助。我于 1947 年底赴美自费留学，先是在圣路易城的华盛顿大学研究院读了一学期，尽管所选 4 门课程都得 A，但仍得不到下学期的教师助理而面临辍学的危险。当时敖庆同志的同学王瑞骁已在华大获博士学位。经他和敖庆同志的推荐，我转到哥伦比亚大学研究生院暑期试读班来"试读"……哥大的助教有两种，一种是大学助教，另一种是系助教。其差别是前者可免交学费，并正式列入教员名录，而后者则否。在

1948年的暑期试读班的80余名同学中只有我一人获得大学助教，这是与唐敖庆的影响和他对我的具体帮助和推荐分不开的。这样不但解脱了我面临辍学的经济困境，还达到了我转入第一流大学的目的。这是唐敖庆同志在我一生中的一个重要转折点给我的巨大帮助……回国以后，敖庆同志在政治和业务上对我的影响和帮助也是十分巨大的。他对朋友是如此，对学生更是教书育人，以自己的言行影响学生和他的集体。

1996年，吉林大学为庆贺唐敖庆名誉校长80华诞出版了《唐敖庆科学论文选集》，徐光宪又受嘱托为其撰写了前言。在前言中徐光宪从六个方面高度概括了唐敖庆在理论化学领域的研究成就，并从五个方面论述了他之所以取得上述成就的原因，以及在取得上述成就时他以超人的毅力所克服的重重困难。作为朋友亦为学者同行，徐光宪和唐敖庆之间相知弥深、了解弥多。1963年物质结构学术讨论班的学员、原四川大学校长鄢国森教授曾这样写道：1963—1965年，原高等教育部委托吉林大学唐敖庆教授举办物质结构学术讨论班。我有幸能够参加该班学习，聆受唐老师的教诲。在那段日子里，唐老师除每周三上午量子化学专题的课堂讲授外，还抽出时间（他还担任吉林大学副校长的职务）与学员们作不拘形式的谈话，内容大部分是理论化学动态和探索性的问题，有时也谈往事。我们曾听到过唐老师谈起徐光宪先生和他在美国哥伦比亚大学研究院同窗相识，先后获得博士学位，出于爱国热情，共同参加留学生进步组织，相约尽早回国参加新中国建设的过程。唐老师对徐先生的人品学识都给予高度称赞。我们感到两位先生由共同的志趣理想和事业心建立起来的友谊是非常深厚的。"文化大革命"之后,我们有许多机会,比如在学术会议和国家自然科学基金委员会化学部学科评议会上与徐先生接触,也体会到他对唐敖庆老师的尊重和敬佩之情。他常说唐先生几十年来为我国的理论化学的发展倾注了无尽的心力,是当之无愧的奠基人。徐、唐两位老师的真挚的友谊是我们后辈学习的榜样。

1963年物质结构学术讨论班学员、原云南大学化学系系主任戴树珊教授则有更多的评论:徐先生与唐先生的友谊很是值得学习的。传统的中国知识分子素有文人相轻之弊,而在徐、唐之间恰恰相反,他们一生都是互相尊重、互相帮助、团结奋斗的学术挚友。在我读到物质结构课程,讲到"杂化轨道"一节时,徐先生说,唐敖庆先生在杂化轨道理论上作出了卓越的贡献,在教材中也引了唐敖庆和卢嘉锡的文章。后来我到吉大读研究生时,有一次说到旋光问题,唐先生说,徐光宪先生在美国的博士论文就是研究旋光问题,是当时做得最好的。1963年,唐先生受命于高教部举办物质结构学术讨论班,意在自主培养高层次人才。……有一次唐先生对我们说,徐先生为了国家需要暂时放下自己喜爱的量子化学研究而去搞原子能化学,但是他始终关心着量子化学的发展,……经过系列文献调查之后唐先生说,这好比打猎,已发现林中有虎,但虎在哪个角落尚需进入森林。由于唐老师的高瞻远瞩和他的深厚的数理功底,讨论班在他的领导下终于取得配位场理论研究的重大成果,后获国家自然科学一等奖,随着科研工作的开展也造就了一批高层次人才。这是两位前辈学术上团结奋斗的一例。

从上面的记述中不难体验出学生们对徐、唐二人真挚友谊的肯定和神往，也可以看出他俩学术研究中的经常性的联系和切磋探讨，以及即便是配位场理论这样重大的研究课题在选题过程中徐光宪也曾经参与过重要意见。

对唐敖庆和徐光宪在我国理论化学学科的发展过程中所起的引领作用，孙家钟院士有这样一段评论：唐敖庆老师和徐光宪老师一起，为发展我国的理论化学、培养出一支能够攻坚的理论化学队伍，在我国社会主义建设各个时期都作出了重要的贡献。徐老师这方面作出了重大的贡献。1997年理论化学国家重点实验室召开学术委员会会议，徐光宪老师在研究方向方面作了指导性的发言。他强调在发展基础理论的同时，要结合国家的目标，在材料、环境、能源、农业、人口和健康方面开展科学研究，在会议上得到唐敖庆老师的充分支持。近年来，重点实验室在材料、环境等方面逐步开展研究，已经取得了一些重要成果。

徐、唐二位不仅限于学术友谊，在生活中也建立了密切的联系，这从其后辈的追忆中也可略窥一斑。徐光宪的女儿徐燕曾这样写道：有一年从东北兵团回家探亲，路过长春，父亲让我去探望一下唐敖庆伯伯。那时父亲还处在半解放不解放的境地，而唐伯伯的处境已不错。我发了一个电报告诉唐伯伯我到达的车次，署名仅一个字"徐"。唐伯伯以为父亲要去，便和他的大女儿唐敏亲自到车站去接。那时我是一个下乡知青，背着重重的两袋东北土豆下车，居然看到唐伯伯来接，深为没写全姓名而抱歉（事后父亲也很过意不去），但唐伯伯却不以为意。我在他家住了两天，他多次鼓励我要好好读书。现在唐伯伯在重病中，谨以此段"小事"寄托我对他的深深敬意和祝福。

唐敖庆逝世后，痛失良友的徐光宪在《高等学校化学学报》出版的纪念唐敖庆专集代序中深情地写道：我和唐先生相识 60 年了，他是我和高小霞最钦佩的良师益友，对我们选择的人生道路、政治方向、学术思想，都有深刻的影响。

五、简短的结语

徐光宪在自己漫长的科学生涯中作出了多方面的贡献。在科学研究方面，徐光宪致力于物理化学和无机化学领域的教学和科研，其研究范围涉及量子化学、化学键理论、配位化学、萃取化学、核燃料化学和稀土科学等多个领域，尤其是在稀土串级萃取理论及其工艺研究方面取得了显著的成果。特别是他不仅在应用研究上成绩显著，在基础理论研究方面也有建树，例如他与黎乐民一道提出的共价键的新概念及其量子化学定义并总结出原子簇化合物的 5 条结构规则，用量子化学方法研究了数十种稀土化合物的电子结构，揭示了其成键规律，设计并合成了 20 余种新型多核稀土化合物。徐光宪的上述成果得到了科学界和社会的广泛认可，于 1987 年荣获国家自然科学奖二等奖、三等奖各一项，2008 年荣获国家最高科学技术奖。

在教学和学术传播方面，徐光宪 50 余年来，不但编写了数套高水平的教材，而且直接培养了众多的学子。他所编写出版的三个版本的《物质结构》教材，一部三卷本的《量子化学》专著，在传播理论化学知识、培养理论化学教学和研究人才方面产生了重大影响。徐光宪还先后任《北京大学学报》和《中国稀土学报》主编，《中国科学》《高等学校化学学报》《科学通报》《无机化学学报》等刊物副主编，1982年被聘为《国际量子化学杂志》顾问编委，1991年被聘为《国际锕系和镧系研究》顾问编委。他所培养的学生，很多都成为著名学者，有的还当选为院士。

20世纪90年代末徐光宪退出科学研究第一线之后，仍然老骥伏枥，壮心不已，除继续关心理论化学的前沿进展和国内外研究状况之外，还一直担任吉林大学的理论化学计算国家重点实验室学术委员会顾问。他从不将自己归类为天才人物，而是看作一名普普通通的科学工作者。他曾经这样形容自己，如果把科学家分为几类，有举重若轻的，有举轻若重的，那么我都不是，我属于"举重若重"的一类人。

（作者：乌力吉）

申泮文

我国氢化学的开拓者

申泮文

（1916—2017）

1980年，邢其毅、徐光宪、唐有祺、戴安邦、查全性、钱人元、申泮文等51人当选为中国科学院院士，这些院士一般都具有博士学位和欧美留学经历。申泮文（1916—2017）是唯一的例外，他没有博士学位，也没有留学经历，但是他的成就却获得了化学界的普遍认可。他被认为是我国氢化学的开拓者，也是科学出版物最多的化学家之一，翻译了大量的化学著作和教科书。

由中国科协牵头，联合教育部和科技部开展的老科学家资料采集工程，通过实物采集、口述访谈收集重要资料，出版了《我的教育人生：申泮文百岁自述》。《20世纪中国知名科学家学术成就概览》，邀请化学家的亲属和学生执笔，以纪传文体记述个人经历和学术成就，收录了车云霞撰写的传记。相对而言，这些著作对于原始文献较少涉及，本文拟以《化学学报》《高等学校化学学报》等文献为基础，发掘申泮文的科学成就和创新思想，以期为科学研究和人才培养提供有益的借鉴。

一、早期经历和际遇

申泮文1916年9月7日出生于吉林省吉林市，父亲申柱辰是"工人工程师"，18岁因贫困逃离广东从化，先在武汉汉阳钢铁厂做工人，后来在汉阳造币厂掌握了造币手艺；有了技术后，又到天津造币厂和吉林造币厂工作。对申泮文影响最大的是母亲邓紫秋，申母没有文化但却非常能干，无论是做衣服还是做几桌酒席都完全会操持。申泮文从母亲那里获益良多，不仅养成从小做家务的习惯，而且培养了乐于尝试新鲜事物的胆识。他 80 岁学电脑，93 岁开博客，在别人看来不可思议，他自己却认为是顺理成章的事，因为从小就养成了动手敢干的习惯。

申泮文小学时读过三个学校，其中旅津广东小学对他影响最大。广东小学是 1920 年广东会馆董事长陈祝龄创办的，是一所优秀的半私塾式小学，申泮文受到了良好的传统文化教育。四年级的国文老师"满腹经纶"，"我不否言，赵老师的治学风范和教学内容，大大地提高了我们青年学生们的祖国传统文化修养……我们非常快乐地听赵老师绘声绘色地给我们讲刘邦出席'鸿门宴'的故事，理解了'项庄舞剑，意在沛公'的典故"。六年级的王老师也是饱学之士，他的《孟子见梁襄王》讲得富有启发性，申泮文也学着套用孟子的语气来写作文，获得"此子文有古风"的赞誉。

南开中学享誉国内外，自 1904 年张伯苓和严范孙创办后，培养了周恩来等政治家和 60 余位两院院士。在南开中学，不仅解析几何、物理、化学、历史都采用英文原版教材，而且教师用双语教学，学生用英语做作业。南开中学还有许多造诣高超的教师，包括张信鸿、郑新亭、胡廷印、段绍先、赵松鹤、韩叔信等。在优越的环境中，1935 班涌现了叶笃正、关士聪、申泮文、刘维政（美国工程院）四位院士，还有沈尔林（北京工业大学校长）、杨津基（清华大学教授)、王乃樑(北京大学教授)、查良铮(南开大学教授)等著名学者。

数学名师张信鸿"讲课特别精彩","同学们对张老师的精湛教学热情欢迎,回报以优良的学习成绩,而张老师也越教越高兴,表示愿意竭尽所能给学生多教一些算学知识"。1934年暑假,他放弃休假组织"算学讨论会",从直线、圆、球到抛物线深入讲授解析几何,他的教学融会贯通、高瞻远瞩,学生们深受教益。1935年7月一直资助申泮文的大哥申郁文失业了,申泮文不得不辍学去当文牍员,张老师十分着急,每月从150元工资中拿出20元给申泮文,帮助他旁听高三课程考大学。历史课英语原版教材《现代史》(*Modern History*)涉及政治、军事、商业、农业诸多专业词汇,历史名师韩叔信把学生组织起来,先把教材中的单词按字母排列,然后分成小组查字典标注词义,激发了积极性又减轻了学习负担。韩老师对历史问题分析得非常好——国家之间的矛盾是什么,什么条件下可以合作,什么条件下会发生冲突,把来龙去脉和相互影响分析得清清楚楚。在韩老师的课上,申泮文"爱屋及乌"对英语产生了兴趣。当时天津出版英文报纸《华北明星报》(*North China Star*),申泮文每天坚持朗读新闻和评论3个小时,经过高二"一个暑假的胜利"就大幅提高了英语水平。

在南开大学求学是申泮文最重要的经历,一位卓越的化学家引领他进入化学的殿堂。杨石先是著名有机化学家,农药化学和元素有机化学的奠基人。他早在1923年就任教南开大学,1918年、1929年和1945年三次赴美留学,1931年获耶鲁大学博士学位,具有深厚的理论基础和科学素养。杨石先是申泮文的"启蒙老师",他给理学院一年级新生讲授《普通化学》,"杨先生讲课采用英文教本,用流利的英语加上汉语注解讲课,每讲一新内容,他用笔体挺帅的英文字在黑板上写下标题,然后口述讲授要点,口齿流利,语言简练,问题交代得极为清楚……那时我们确实感觉到,有这样有名望的学识高超的教授给我们讲授基础课,真是受益匪浅。这也为我以后从化工系转入化学系,打下了思想基础"。1936年9月,申泮文考取免学宿费奖学金入南开大学化工系学习,在一百多人的班级里成绩最好,杨先生十分欣赏他,不仅把他列入优秀生行列,还在不同场合鼓励他。美好的大学生活很快就戛然而止,1937年7月29日南开大学、南开中学和南开女中遭日军轰炸,申泮文被迫于8月底乘海轮离开天津,9月报名参军后不久就被派往松江前线,由于敌我力量悬殊遭遇溃败。1937年10月清华、北大和南开在长沙组成长沙临时大学,申泮文也于1937年11月到达长沙,经杨石先批准转入化学系学习。但由于败退的阴影和感染严重疾病,申泮文精神一度处于崩溃的状态,以至于1938年2月因几门课程没有成绩而被学校勒令退学。

当时黄钰生、曾昭抡、闻一多和袁复礼等11位教师和200多名学生组成的"长沙临时大学湘黔滇旅行团",正徒步从湖南经贵州去昆明。在南开秘书长黄钰生和夫人梅美德的资助下,申泮文以自费的名义加入旅行团,经过68天的长途跋涉于1938年4月28日到达昆明。西南联合大学化学系人才济济,会集了三所名校的十几位著名化学教授,包括清华的高崇熙、张子高、黄子卿、张大煜、张青莲，北大的曾昭抡、朱汝华、钱思亮、孙承谔，南开的杨石先、邱宗岳、严仁荫等。高等有机化学由曾昭抡、钱思亮、朱汝华、杨石先四位名师讲授。杨石先讲授"植物碱和天然产物"专题，申泮文再一次感受到这位学术大师的风采，"杨先生在这门高年级选修课中更突出地显示出他的精湛学识和高超讲课才能……把化合物拆开，分析，然后综合在一起，知道整个结构，他讲得由近及远，由此及彼，一气呵成，极为引人入胜。学生在课堂上的思想，追随着杨先生的讲述路线前进，被引入化学科学大厦，如享美餐，陶醉在化学知识的海洋中。下课之后，同学们还舍不得离开课堂，三三两两，在议论，在赞美。我记得，我的同班同学北大的唐敖庆就是最热衷于在课后盛赞杨先生讲课精湛的一人"。申泮文珍惜来之不易的机会，发奋努力并且注重方法，用两年时间就完成了三年的任务，1940年7月获西南联大和南开大学双重学籍的理学学士学位。

申泮文的学术生涯主要是在南开大学度过的。1946年5月经黄钰生和邱宗岳介绍，申泮文被接收为南开大学教员，首先于1947年和1948年给高振衡教授（有机化学）和朱剑寒教授（物理化学）做助教，1949年9月在给邱宗岳教授做助教时，将其授课内容编印成《普通化学》和《化学平衡与定性分析》油印稿，这可能是国内最早的由中国人编写的中文化学教材。申泮文的研究领域包括金属氢化物、储氢合金、大环配位化学、生物无机化学、晶体培养与结构表征，其中仅在配位化学、生物无机化学、晶体结构就发表论文百余篇。申泮文于1980年当选为中国科学院院士。

二、困难岁月中的科学追求

申泮文能够脱颖而出，与他始终执着于科学理想，始终一贯的自律有关。1965 年申泮文被批判为"与党争夺青年"，一年后升级为"申家村"反党集团分子，1965 年到 1970 年被拉下讲台关进牛棚。面对种种磨难，他所能做的就是"关起门来搞译著"，"在'文化大革命'期间，只要没被关起来，金属氢化物的研究和生产就一直在继续"。1974 年他再次被剥夺教学权利，下放到农村搞肥料推广、科普讲习的工作。虽然没有正常的科研条件，腐殖酸也只是当时的"应景"项目，申泮文却创造出肥料生产、终点判断、分布地图等丰富内容，表现出优秀的创造力和执着的科学精神。

第一，解决了腐殖酸肥料的生产问题。太原有一个生产氨的化肥厂，在生产过程中需要用高压水淋洗，其中一部分氨从水中被放掉了。在山西省郝家公社的武家山煤矿，申泮文将废弃的氨和腐殖酸利用起来生产肥料，他将氨水与腐殖酸搅拌起来，然后用塑料捂一两天来生产腐殖酸铵肥料。申泮文还发现，腐殖酸容易与碱反应，氢氧化钠、氢氧化钾、碳酸钾都容易与腐殖酸反应生成盐，将碳酸钾与腐殖酸在溶液中一起搅拌，直接就生成腐殖酸钾的肥料，这是一种合成钾肥的简易办法。

第二，提出腐殖酸提纯的简易方法。山西省一些地方风化煤的腐殖酸含量高，一些地方的含量却很低，申泮文发现，腐殖酸含量低并不是因为腐殖酸的成分少，而是与钙镁离子结合生成钙镁腐殖酸盐的缘故。钙镁腐殖酸盐只要用稀盐酸淋洗，就可以生成含量达百分之八九十的腐殖酸。申泮文后来支持山西省孝义县和晋中县两个社队企业用这种方法生产腐殖酸，仅 1974 年和 1975 年腐殖酸出口创汇就达 45 万美元。

第三，采用连续变化法判断滴定终点。腐殖酸含量一般用酸碱滴定法测定，但山西风化煤因水溶性低电离弱、没有 pH 突跃等问题，不能用 pH 法来滴定。太原煤炭化学研究所采用电导法判断终点，但腐殖酸盐是强碱弱酸盐并且水解程度大，因此只能大致估计终点。申泮文根据腐殖酸难溶于水，而腐殖酸盐是溶于水的有色溶液，采用连续变化法来判断终点——在等当点前溶液的颜色逐渐变深，达到等当点时颜色就不再变化，拐点就是滴定终点。这个方法以《用光度连续变化法测定腐殖酸的碱中和当量》发表于 1978 年的《山西大学学报》。

第四，绘制山西省腐殖酸分布地图。从 1975 年 5 月到 1976 年 6 月，申泮文利用推广腐殖酸肥料的机会，对山西腐殖酸资源进行详细考察，绘制了低钙镁风化煤、高钙镁风化煤和泥煤紫皮炭的分布情况，统计出 83 个县市 416 个公社储积有腐殖酸资源，风化煤总储量约为 80 亿吨的结论。

在 70 年代的困难条件下，申泮文还不忘了解国际化学的发展。当时国外的文献基本无法获得，申泮文利用华北卫生研究所的《化学文摘》了解无机合成、原子量测定的进展。1974 年，他在《国外科技动态》连续发表《化学元素周期系的新发展》和《国际原子量的变迁》两篇论文，引起了袁翰青、张青莲、戴安邦的关注。1978 年 5 月，天津市组织知名教授参观山西省昔阳县大寨村，南开大学校长杨石先专门访问了山西大学，注意到《无机合成》翻译和腐殖酸研究的成就。申泮文后来得知，"杨先生一回来，就大力讲你，讲你那个《山西省资源分布图》。说你在那时候能够走遍山西，收集这些资料，是很好的事情"。在杨石先的帮助下，申泮文于1978年调回南开大学。

三、氢化学的开拓者

氢化学是申泮文的成名之作和学术高峰，他用氧化还原法和惰性盐分散法合成氢化锂、氢化钠等离子氢化物，提出合成氢化铝锂和氢化铝钠的新方法，运用置换－扩散法和共沉淀还原法合成镁基、镍基储氢材料。申泮文是我国氢化学的奠基者，南开大学新能源材料化学研究所和应用化学研究所的创建者。

1. 金属氢化物

金属氢化物如氢化钠、氢化锂、氢化铝锂、氢化铝钠等，是一类重要的还原剂，当时国内外研究还很少。1947年施莱辛将金属锂氢化制备氢化锂，再同氯化铝在乙醚溶剂中反应首次合成了氢化铝锂，缺点是必须先有少量氢化铝锂反应才能进行。申泮文对金属氢化物的研究更具有创造性。

第一，用溴化铝代替氯化铝合成氢化铝锂。申泮文和龚毅生等用溴化铝代替氯化铝制备氢化铝锂，因为溴化铝更容易与氢化锂反应，开始时加入少量溴化铝就会产生氢化铝锂；之后就不再需要溴化铝，直接用氢化锂和氯化铝反应。1959年10月，申泮文和龚毅生在《化学通报》发表《氢化锂铝（$LiAlH_4$）的合成》，这是有关氢化物研究的第一篇论文。

　　第二，从氯化锂制备氢化锂的氧化还原法。施莱辛法以价格昂贵的金属锂为原料，反应中非生产性消耗很大，大约有四分之三的锂不能利用。1982年，申泮文和张允什等通过氯化锂和金属钠在氢气氛中反应，得到氢化锂和氯化钠的混合物，再通过施莱辛法合成氢化铝锂。新合成法优点在于：一是用廉价盐（氯化锂）代替金属锂，氯化锂可以循环使用，解决了非生产性消耗问题；二是氢化锂和氯化钠不必分离，直接用于合成氢化铝锂，设备和工艺简单。申泮文从氯化锂制备氢化锂的创新在于：钠作还原剂不能直接还原氯化锂，联想到用二氧化钛合成四氯化钛时，用氯气不能直接氧化二氧化钛，如果用还原剂（碳粉）把氧拉开，氯就可以结合上去。类似地，以钠不能直接还原氯化锂，可是如果用氢气作氧化剂夺取锂原子，就可以实现氯化锂到氢化锂的转变。

　　第三，惰性盐分散法制备氢化铝钠。氢化铝钠还原作用与氢化铝锂十分相似，由于钠取代锂降低了成本，本应该是一种很好的还原剂，但由于合成困难却一直未能商品化。之前是以三乙基铝作催化剂，用氯化铝和氢化钠在醚型溶液中制备氢化铝钠，困难是生成的氯化钠微晶容易沉积在氢化钠表面阻断或减慢反应，同时氯化钠在醚型溶液中易生成凝胶沉淀难以与产品分离。1984年申泮文和张允什以氯化钠为分散剂代替油液分散剂，在四氢呋喃中用氢化钠与氯化铝反应制备氢化铝钠。实验证明，生成的氯化钠以原料中的氯化钠为结晶核心生成大颗粒晶体，可以避免包复氢化钠和生成凝胶状沉淀。

第四，推广氧化还原法和惰性盐分散法。1984 年申泮文和车云霞将氧化还原推广到从碱土金属氯化物制备氢化物，在 400 ℃—450 ℃的氢气氛中与钠反应，成功制备氢化镁、氢化钙、氢化锶、氢化钡。氢化钠一般用油液分散法制备，含量不高（50% 左右）并且要用大量有机溶剂洗涤。1985 年申泮文以惰性盐氯化钠为固体分散剂，氢化熔融金属钠的方法，得到含量达 80% 的白色粉末状氢化钠。惰性盐分散法是在金属钠和氢气的直接反应中加入惰性盐分散剂以达到完全氢化的目的，无需超高速设备和石蜡油，产量高且操作安全。

2. 储氢合金

氢是理想而清洁的能源，但储藏和运输比较困难。用金属互化物储氢密度高，避免了钢瓶的高压和液氢的低温，具有室温常压的优点。申泮文的储氢合金研究，创造性地合成了镍基、铁基、镁基储氢合金。

第一，共沉淀还原法制备镍基合金。$LaNi_5$ 是优良的储氢材料，储氢密度可达液态氢的数量级，可长时间储藏。合成 $LaNi_5$ 一般采用合金法制备，但设备复杂并且需要较贵的金属镧。1980 年，申泮文和汪根时等在《高等学校化学学报》发表《$LaNi_5$ 的化学合成及吸氢性能》，采用共沉淀还原法制备镧镍系吸氢化合物。他们将镧镍混合溶液与草酸乙醇反应，生成草酸镧镍共沉淀，经脱水后加入氢化钙，在氢气氛下（950 ℃）合成镧镍合金。这种方法只用盐类作原料（不用金属镧），合成的颗粒状 $LaNi_5$ 具有良好的吸氢性能。

第二，置换-扩散法合成镁基合金。镁基储氢材料具有重量轻、含氢量高的优点。国外用高温熔炼法制备,但产物表面性能差,吸放氢速度比较慢。申泮文根据镁的电化学活泼性,发明了置换-扩散法合成 Mg_2Cu 和 Mg_2Ni。1982 年申泮文和张允什等在乙腈溶液中,用镁锉屑置换溴化铜溶液中的铜,然后在 500 ℃—580 ℃ 扩散 2—3 小时,成功制备了 Mg_2Cu,产品具有表面性能好、吸放氢速度快的优点。1985 年他们将这种方法扩展到 Mg-Ni 体系,在二甲基甲酰胺中用金属镁置换溶液中化合态的镍($NiCl_2$)来制备 Mg_2Ni。

置换-扩散法克服了高温熔炼法和溶液法的双重困难。镁和镍、铜熔点相差比较大,镁在 1090 ℃ 就开始气化,而镍的熔点为 1500 ℃,直接熔炼合成 Mg_2Ni 和 Mg_2Cu 都比较困难。溶液法的问题是,用镁作还原剂把镍还原出来,再高温扩散难以合成 Mg_2Ni,因为一旦镍沉淀到镁上就会构成一个电对,结果是置换氢而不是置换镍。用二甲基甲酰胺代替水作溶剂,再合成能够溶于有机溶剂的二氯化镍,就可以克服溶液法的缺陷。

第三,从二元扩展到三元和四元储氢合金。在二元体系的基础上,申泮文还将置换-扩散法扩展到三元和四元体系,如 1986 年在《无机化学》上发表的《置换-扩散法合成 $Mg_2Ni_{0.75}Cu_{0.25}$》中,申泮文和张允什吸收制备二元合金 Mg_2Cu 和 Mg_2Ni 的经验,首先在二甲基甲酰胺中将镁锉屑与无水 $NiCl_2$ 反应,然后再加入乙腈和 $CuBr_2$,成功制备三元镁镍合金 $Mg_2Ni_{0.75}Cu_{0.25}$。1997 年申泮文和高恩庆在《无机化学学报》上发表的《四元镧镍系吸氢合金的结构与性质》中,将置换-扩散法应用于四元镧镍材料,合成了具有优良吸放氢性能的 $LaNi_4Co_{0.5}Mn_{0.5}$。

1984年7月15日到20日，在多伦多召开第五届国际氢能大会，讨论氢的生产与制备、氢的运输与贮存、氢能的利用等问题，申泮文的《储氢合金的化学合成与性能研究》被评为优秀论文。1987年氢化物化学被国家教委授予科学技术进步二等奖。1994年以氢化物化学为基础组建南开大学新能源材料化学研究所，申泮文担任学术委员会主席。

四、教育家和翻译家

申泮文一生兼任科学家、教育家、翻译家三重角色。他在教育岗位上耕耘了70年，是执教时间最长的化学家之一；出版70余卷册3000余万字的著译，是我国著译作品最多的化学家之一。

第一，翻译了大量化学著作和化学教材。申泮文翻译（校对）了20卷美国化学会的"无机合成"丛书，第1卷、第19卷、第20卷分别于1959年、1987年、1986年翻译出版，时间跨度20多年；在1952—1959年翻译出版了12部16卷苏联教材；1953年7月翻译的巴列金《无机化学实验》由商务印书馆出版，是申泮文的第一部苏联教科书译作；1954年翻译了多部苏联教科书，包括巴列金的《普通化学实习》、格琳卡的《普通化学作业和问题》、谢密申的《普通化学实验》、马里雅洛夫的《微量定性化学分析》。这些教科书译作，对我国化学教学和学习起到了积极的作用。

第二，制作第一部化学多媒体教学软件《化学元素周期系》。1984年参加世界氢能会议时，经中学同学刘维政介绍访问密歇根大学，申泮文第一次见到了计算机辅助教学，当即邀请指导教师巴特勒博士访问南开大学。1986年3月巴特勒访问南开大学时，申泮文产生了引入计算机辅助教学的想法，推动他在耄耋之年学习计算机并且倡导成立"化软学会"。

《化学元素周期系》于1995年开始编写，1999年12月由高等教育出版社出版，它"不仅是中国的第一部多媒体教科书，在国际上也是一部创新之作"。《化学元素周期系》具有几个鲜明的特点。一是构思新颖。主菜单是全屏维尔纳式周期表，139个专题，还有7个周期和16个族的综述，具有纵横多种维度。二是类型多样。设讲授、自学、习题、测验、数据5大板块，满足不同学习者的需求。三是兼顾历史。将历史和趣味有效融入周期系，增强了内容的吸引力。四是内容丰富（形象）。仅自学部分就达60万字，包括4000余幅静态图片和1000余部动画，用三维立体形象来表达化学结构、反应过程、制备工艺。

第三，主持化学课程体系的改革。申泮文强调"与世界接轨""他山之石，可以攻玉"，致力于教材的立体化和方法的现代化。90年代，申泮文着手调查哈佛大学、普林斯顿大学、康奈尔大学、麻省理工学院的化学课程和计划，发现美国的化学课程设置极为简明，必修课只有5门课程：化学概论（General Chemistry）、物理化学（Physical Chemistry）、有机化学（Organic Chemistry）、无机化学（Inorganic Chemistry）、实验化学（Experimental Chemistry）。为此，他重新设置化学体系，以《化学概论》为先导，以实验化学和物理化学为主体，以无机化学和有机化学为两翼，总体设计是大一讲授一级学科，大二、大三讲授二级学科，大四讲授三级学科。

申泮文认为《化学概论》是启蒙课和素质教育课，应该安排学术造诣深厚的院士主讲，具体内容设计为：化学在自然科学体系中的地位；化学在社会生活和经济建设中的作用；化学在可持续发展中的核心意义；环境化学、绿色化学、材料化学等交叉学科概况；评议21世纪化学发展的优势领域，了解科学创新的条件，为专业方向选择提供参考。在过去，元素化学只是枯燥的纪实材料，难以记忆且容易造成对无机化学的误解，导致部分学生一开始就丧失对化学的兴趣。申泮文将无机化学推迟至大三开设，加强对主客体化学、结构和对称性、固体化学、配位化学、金属有机化学、生物无机化学、环境化学的介绍，使无机化学不再是简单的元素化学。

第四，编撰大量重要的化学教科书。1965年7月，申泮文和尹敬执（山东大学）编撰的32万字《无机化学简明教程》，由高等教育出版社出版，成为全国通用无机化学教材；1980年再次与尹敬执编撰的《基础无机化学》于1986年获高校优秀教材一等奖，并一直沿用到20世纪末。"无机化学丛书"是一套百科全书式的巨著，14卷41个专题700余万字，由张青莲和申泮文分任正、副主编，历时18年最终完成，"为我国化学工作者提供了一部丰富的近现代的原始资料库，对促进我国化学教学和研究的迅速发展，解决我国丰富矿产资源的综合利用，新型材料的合成，无机化学新观点和新理论的提出等，都起到了不可估量的作用"。

1999年到2008年，申泮文任主编，王积涛任副主编，包括12位南开教授、2位校外院士和6位教授的南开大学近代化学教材丛书编委会，编写和出版了以《近代化学导论》《近代物理化学》《无机化学》《有机化学》为代表的专业课程教材；以《氢与氢能》《有机化学提要、例题和习题》为代表的教学参考书；以《基础化学》电子教案、《无机化学》电子教案为代表的电子课件，总计27部32卷册近1800万字。2009年2月，来自北京大学、复旦大学、天津大学、湖南大学等高校的专家一致认为，"南开大学近代化学教材系列工程成果巨大，为我国高校化学课程体系的深度改革、提高教学质量和培养创新型人才创造了良好条件，对全国高校化学教学的改革产生了较深远的影响"。

申泮文还获得了一些国家级荣誉。2001年《化学元素周期系》获国家级教学成果一等奖，2007年南开大学无机化学获评首批国家级教学团队，2009年南开大学近代化学教材系列获国家级教学成果一等奖，2009年申泮文被教育部授予第五届高等学校国家级教学名师奖。

五、结语

申泮文能够成为杰出的化学家，与他一生的机遇和勤奋是分不开的。在南开中学时，申泮文就在中文和外语方面打下了良好基础，杰出化学家杨石先不仅在科学知识上对申泮文影响巨大，而且屡屡在关键时候帮助和提携他。1936年在南开大学时杨石先就是申泮文的《普通化学》老师，1937年申泮文从化工系转入临时大学化学系，在退学的情况下破格进入西南联大化学系二年级，以及1978年重新回到南开大学，都离不开杨石先的帮助。另一方面，申泮文思维活跃、勇于创新，具有自强不息和永不言弃的科学精神，即使在"文化大革命"的困难时期,他也利用一切条件开展科学研究,在《无机合成》翻译、腐殖酸研究、金属氢化物研究方面都取得了一定的成就,这些是他1980年入选院士的重要条件。他当选院士之后一点也没有松懈下来,一种强烈的紧迫感推动他继续开辟配位化学、生物无机化学等新领域,并主持"南开大学近代化学教材"、《化学元素周期系》等多项浩瀚的编撰工作,最终成为我国最优秀的化学家之一。《无机合成》等著作的翻译量十分巨大,需要持续不懈地坚持一二十年,正是这份执着和坚韧成就了他,使他在没有博士学位和留学经历的情况下,作出了不平凡的贡献。

(作者:张宏志)

罗沛霖

中国技术科学思想的奠基者

罗沛霖

(1913—2011)

罗沛霖（1913—2011），22岁毕业于上海交通大学，35岁赴美攻读博士研究生。37岁从美国学成归国后，投身于中国的电子工业与电子科技发展，参与和推动了新中国电子工业的许多重要项目。1993年，他参与起草创建中国工程院的建议，并当选首批两院院士。他的一生一直在电子产业界和学术界奔波，见证和参与了中国电子工业的成长并为之作出卓越贡献。

19世纪初，按照科学与社会关系的密切程度，国际上开始把科学区分为纯科学和应用科学，即自然科学与技术科学。纯科学"旨在增加科学、技术知识和发展新的探索领域，而不考虑任何特定的实际目的"；应用科学"致力于解决国民经济中所提出的实际科学问题"。然而，一些在工业领域和工程领域的研究者觉得，"纯"科学这一概念明显带有某种偏见，让他们难以接受。于是"基础"科学的概念被引入，并逐步取代了"纯"科学的概念。到了20世纪，"基础研究"与"应用研究"作为一对政策范畴和政策术语，愈来愈被广泛使用。1945年7月，万尼瓦尔·布什发表了题为《科学——无止境的前沿》的报告，认为基础研究的实施不考虑实际结果，是对"一般知识以及自然界及其规律的认识"的贡献，是应用研究的先驱。经济合作与发展组织（OECD）1963年制定的《研究与发展调查手册》与联合国教科文组织（UNESCO）1978年制定的《科学技术统计指南》将研究与发展（R&D）分为基础研究、应用研究和试验发展三种类型。

20世纪中叶，随着工程师队伍的迅速壮大，工程活动越发显现出与科学、技术的不同特点，著名科学家冯·卡门认为"科学家研究已有的世界，工程师创造未来的世界"。因此，许多学者逐渐趋向于把整个科学技术分为三大部分或三大领域、三大门类。我国著名科学家钱学森于1957年明确提出了"自然科学、技术科学和工程技术三个部门或三个领域"的划分。美国工程科学院院士田长霖在1979年访华时主张："总的来说，科学技术可以分为三大领域：基础科学、技术科学和工程应用。"我国著名软科学家冯之浚于1980年提出："今天，科学技术已经形成了由基础科学、技术科学与应用技术三部分组成的庞大而有机的体系。"我国著名技术哲学家陈昌曙在1982年提出应把这三大门类表述为"基础理论科学、技术基础科学、工程应用科学"，以强调它们"都是科学，都是知识形态的东西"，从而把"作为社会精神财富的科学同作为社会物质财富的工程技术区别开来"。尽管这些说法在表述形式上有所差异，但主张的实质是基本相同的，即自然科学、技术科学和工程技术是现代科学技术体系的三个不同的重要组成部分。这一认识对于我国科技事业的发展至关重要，因为科学技术发展战略的重要问题之一就是如何处理好基础研究和应用研究的关系，而对于这个问题的回答必然涉及如何正确地认识现代科学技术的结构，尤其是技术科学在其中的地位和作用。

在关于技术科学的研究中，钱学森对于技术科学的定义、技术科学与工程科学关系等问题的思考，在中国科技界有着开创性的作用，并产生了深远的影响。中华人民共和国成立后，由于受到"全面学习苏联"的影响，中国科学院仿照苏联科学院的建制于1955年设立四个学部，其中的技术科学学部旨在将"新中国的科学工作与国家建设联系起来"。技术科学学部的建立，不仅使得技术科学这一概念广为人知，而且让我国科技工作者充分认识到技术科学的重要意义。然而，由于当时我国工业落后，技术科学基础特别薄弱，苏联、德国、波兰、保加利亚等一些社会主义国家的技术科学研究方法和成果被相继介绍到国内。1976年后，我国科技工作和国家建设逐渐恢复到正常轨道，技术科学研究再次成为我国科技界的关注焦点。尽管各门具体学科拥有不同的研究方法，但学者们一致认为"技术科学是以基础科学理论为指导去解决应用技术中出现的带有普遍性的技术问题的学科，是联系基础科学和应用技术的纽带，是科学转为直接生产力的桥梁，是我国经济建设和国防建设中的关键性和综合性问题"。

中国科学界对于现代科学技术的结构、技术科学的认识形成过程中，有一位"一直在产业与学术界之间奔忙"的科学家对于这个问题也作了深入思考，他就是罗沛霖。罗沛霖结合自己的科技工作实践对技术科学的含义、特征和作用等问题进行了深入的理解和梳理，并据此对我国的产业界发展提出了有针对性的建议。他的技术科学思想产生了现实影响，成立中国工程院的提议就是他技术科学思想的直接反映。梳理罗沛霖的技术科学思想，不但有助于深入了解这位经历丰富的科学家，也有助于学界加深对技术科学的理解。

一、罗沛霖的技术科学思想

技术科学的概念在中国的出现和推广，钱学森做了开创性的工作，更是影响了包括罗沛霖在内的一代科学家。

1. 受到钱学森影响

技术科学思想是钱学森科学思想的重要组成部分。1947年，钱学森回国访问期间，在浙江大学、上海交通大学和清华大学作了题为《工程和工程科学》的报告，阐述其技术科学观点，引起国内科技教育界开始对技术科学这个领域的重视与思考。1957年，钱学森在《科学通报》上发表《论技术科学》一文，在文中从科学的历史发展脉络推演出技术科学概念的形成过程，将技术科学定义为"从自然科学和工程技术的互相结合所产生出来的，是为工程技术服务的一门学问"。

钱学森将科学划分为自然科学、技术科学和工程技术三个领域，在这个科学体系中，技术科学是自然科学和工程技术的结合。在界定了技术科学的来源和内涵、特点后，钱学森还对技术科学的研究方法，技术科学与基础科学和工程技术的关系，技术科学的意义和作用、发展方向、对其他科学的贡献等问题作了全面论述。郑哲敏先生认为，这篇文章"起到了全面界定技术科学的历史性作用"。1982年和1988年，钱学森又发展、深化了他的科学体系划分，提出了科学技术的体系结构，把现代科学技术分为几大部门，每个部门在横向上又分为自然科学、技术科学和工程技术三个层次。

钱学森的技术科学思想在中国的科学技术界产生了极大影响。特别是钱学森在加州理工学院的博士生、后来获得国家最高科技奖的郑哲敏先生,研究、阐发、传播了钱学森的技术科学思想。郑哲敏认为,钱学森技术科学思想的源头可以追溯到19世纪末德国哥廷根大学应用数学的发明人克莱因。他主张数学和实际工程要结合起来,运用数学去解决实际问题。冯·卡门从哥廷根大学来到美国加州理工学院后,也把克莱因的基础理论与工程实践相结合的思想从德国带到美国。在冯·卡门指导下,学习与航空工程有关的基础理论的钱学森深受其影响。郑哲敏多次发表文章阐述钱学森的技术科学思想,并且提出:钱学森的技术科学思想还具有很强的指导意义,例如钱学森的技术科学思想在中国科学院力学研究所得到实践;力学既是基础科学,又属于技术科学,力学的发展必须有侧重,中国的力学应当主要沿着技术科学的道路发展,重点应当发展应用力学。

钱学森与罗沛霖对技术科学的认识都受到了加州理工学院的深刻影响。1948年,钱学森为罗沛霖写推荐书,推荐他到美国加州理工学院读书。在加州理工学院的两年时间里,学院重视实验科学和应用基础科学的风气对罗沛霖产生了深远的影响。1949年9月,钱学森担任加州理工学院的戈达德讲座教授,兼任古根海姆喷气推进研究中心主任。在1950年夏罗沛霖离开美国之前的这段时间,钱学森与罗沛霖有密切交往。1950年8月,罗沛霖在回国的轮船上完成了博士论文,到广州后寄往美国后经郑哲敏组织打字,还是钱学森帮助补入方程式后提交的。在加州理工学院这一段重合的人生轨迹,只是钱学森与罗沛霖一生交往的一个片段,此前他们同是北京师大附小的同学,同在上海交大读书,早就结下了深厚的友谊。在上海交大读书期间,钱学森曾对罗沛霖说:中国的政治问题,不经过革命是不能解决的,我们虽然读书,但光靠读书救不了国。这句话对罗沛霖一生有深刻的影响。

钱学森对于中国工程院、中国科学院角色定位的思考,是其科学体系思想的直接体现。1994年6月3日,中国工程院成立,钱学森在致中国工程院首任院长朱光亚的贺信中说:"我现在想到一个中国工程院与中国科学院分工合作的说法,即全部学问分三个层次——基础科学、技术科学、工程技术,那么中国科学院是基础科学兼技术科学,而中国工程院则是工程技术兼技术科学。"从逻辑上看,钱学森将科学划分为基础科学、技术科学、工程技术三个层次,与中国科学院、中国工程院的角色定位和分工合作十分吻合。

2. 罗沛霖技术科学思想产生的背景

罗沛霖自1978年12月14日在《人民日报》发表《技术科学与四个现代化》一文以后,陆续发表或写作了几十篇文章,逐渐形成了技术科学思想体系。他的技术科学思想的形成,既受到钱学森的影响,也受到国内科学界对于技术科学认识的影响。

曾担任中国科学院技术科学部专职副主任的刘翔声认为,技术科学这个词是中国科学院代表团访问苏联后才出现的。的确,在中国代表团访苏之前中国科学院的工作总结和工作计划中还没有出现技术科学的字眼。如《中国科学院 1950 年工作总结与 1951 年工作计划要点》中，提出"应该使主观力量与客观要求，理论科学与应用科学，国家目前需要与长远需要都取得适当的配合"。在 1951 年研究工作重点的确定上，是以地质研究、近代物理研究、应用物理研究、实验生物的研究、地球物理的研究和语言研究几个方面划分的。

1953 年 2 月至 5 月，中国科学院应苏联科学院邀请派遣了访苏代表团，团长为钱三强，成员共 26 人。主要任务是了解和学习苏联如何组织和领导科学研究工作，了解苏联科学的现状及发展方向。在访苏期间，代表团了解到，1929 年以前苏联科学院还没有专门的技术科学研究机构，由于工程技术在国家建设中的巨大作用，1929 年开始成立了一个小组，并在此基础上逐渐建立了动力研究所、燃料研究所等，到 1935 年，苏联科学院正式成立了技术科学部。钱三强注意到，技术科学部是苏联科学院最年轻的部门，战后由于生产过程自动化、机械化提出新问题，因此技术科学发展得很快。

中国科学院访苏代表团从苏联科学院了解到了技术科学研究机构的情况，但对于技术科学的定义、研究对象和发展方向等更深一层的问题，似乎还没有形成一致的认识，在他们的报告中也看不到这方面的思考。根据白夜昕的研究，苏联科学界认为技术科学是技术科学化的产物，还是自然科学在使用领域具体化的产物，是在技术科学与自然科学对比的框架下去理解技术科学的哲学问题的。或许是对于技术科学定义不同，在苏联存在一个由来已久的问题是"技术科学需要数学化吗"或者"工程师需要数学吗"。可以看出,苏联科学界对于技术科学的实践和理论思考都是很深入的。

在苏联科学院的影响下,1955年6月,中国科学院成立学部,设置物理学数学部、生物学地学部、技术科学部和哲学社会科学部,其中技术科学部主任为严济慈,副主任为茅以升、赵飞克。1955年6月2日,中国科学院技术科学部主任严济慈作《中国科学院技术科学部报告》。从报告中可以看到,当时中国的科学界已经开始考虑技术科学与基础研究的关系、技术科学研究的对象和发展方向等问题,但并没有形成完备、清晰的概念,对技术科学的概念没有定义和阐述,对于技术科学的理解还在摸索阶段。报告中说:"技术科学各研究单位的主要任务应当是:充分发挥力量,积极地协助新企业的建立,研究合理地利用我国自然资源的方法,改进原有企业的生产技术,提高产品的质量,增加新品种,在联系实际中,发展我们的科学事业,扩大我们的科学队伍,提高我们的科学水平,为坚决实现国家建设的总任务而努力。"这段话实际上也是阐述了技术科学的研究对象和发展方向问题。"为了使我国在技术科学方面进一步发展与提高,许多基础理论问题的研究工作更不容忽视。如金属物理学、冶金过程中的物理化学、热力学、催化反应、材料力学、结构力学、流体力学、电子学等方面的工作都须逐渐开展起来。"这段话,也可以理解为阐述了技术科学与基础研究的关系问题。

中国科学院技术科学部的成立,也使得技术科学的概念在国内科学界广泛推广,为人所知。但是国内科学界对于技术科学的概念、边界、作用等问题并没有形成清晰的认识。据罗沛霖回忆,在 1962 年、1978 年制订中国科学技术发展规划时就讨论过技术科学的范畴,由于技术科学的概念对农、医等方面也同样具有意义,因此使用技术科学而不是工程科学的名称来定义在基本科学与技术之间起桥梁作用的科学。虽然使用技术科学这个概念来定义基本科学与技术之间的桥梁,但国内科学界对技术科学内涵的理解还不够深入。当时,在科学界过度强调"理论指导实践"的作用、广泛存在的产业部门和科学院之争,在某种程度上可以看作是对于科学体系特别是技术科学的定位没有准确理解的结果。

1976 年之后,国内科学界又开始继续思考技术科学与基础科学、工程技术关系问题,特别是技术科学与工程技术的关系。罗沛霖对于技术科学认识逐渐深化的过程,也是国内科学界对技术科学概念深化理解的一个缩影。特别是提议建立工程院,正是包括罗沛霖在内的科学家对深入理解技术科学和工程技术基础上的结果。

3. 罗沛霖技术科学思想的形成

罗沛霖对于科学体系的划分及对技术科学概念的界定,既受到钱学森的影响,也有其独立思考。罗沛霖的科学体系划分和对技术科学的认识,主要形成于 20 世纪后 20 年。

1978 年,以《技术科学与四个现代化》一文为标志,罗沛霖开始了对技术科学的思考。这篇文章开篇便提出"技术科学的蓬勃兴起,是科学技术发展史上的一件大事"。文中,罗沛霖还没有对科学体系进行系统的划分,只是从基础科学和技术科学两个范畴关系的角度去思考技术科学的作用。罗沛霖提出,基础科学的主要任务是研究物质运动的基本规律,技术科学的主要任务是运用基础科学的成果去具体解决社会实践中提出的大量技术问题,是科学技术发展中极为重要的环节。对于基础科学与技术科学的关系,罗沛霖以原子能的发展和电磁波的利用为例,说明这些领域虽然首先是在基础科学研究上做出重大成果,但是在经过技术科学方面做了大量的工作后才发挥作用的,如果没有技术科学的发展,当代的科技水平不可能达到现在的高度。

1981年,罗沛霖开始从科学体系的角度去思考、定义技术科学。他把当代科学技术活动分为四个环节:基础科学(基本研究)、技术科学(应用研究)、技术发展(研制)和具体的工程技术。1988年,罗沛霖又提出把科学技术工作分为六个部分:属于科学研究的基本科学研究和应用科学研究,属于技术发展的产品的发展和基本工艺方法的发展,属于现场作业技术范围的投产或投产的技术工作和日常运行、维护的技术工作。他提出,从科学技术的发展必须和社会、经济的发展相协调的要求来说,这六个方面"越到后边,工作量越大";要注意到现场作业技术工作和工艺方面的发展是薄弱环节,应当大力加强;特别是技术对于"顺利运行、保证质量"的重要作用。1990年,罗沛霖又重新划分了科学体系,将其列为五个范畴:基础科学、应用基础科学、基本技术、原型技术、(生产)现场技术。其中应用基础科学这个概念,对应于工程专业,"我们也习惯于称它为技术科学";应用基础科学（技术科学——作者注）是基础科学和工程技术之间的桥梁。2000年，罗沛霖对于科学体系的划分思想基本成熟。他提出，广义的科学分为基本科学和应用科学，应用科学又包含应用基础科学和工程技术，工程技术再分为基本技术和现场技术，基本技术又包括产品原型和新工艺的发展，现场技术（对于工程技术的学科专业来说）又可分为与投产工程相关的投产技术和与日常保持生产作业相关的生产技术。

罗沛霖从概念上划分了基本科学和技术科学的区别，对重大新技术的发明和发展的作用给予特别的重视。他以半导体和集成电路的发展史为例，在肯定基本科学的成果之外，强调了技术科学的重要作用。他指出："从晶体管走向大规模集成电路，很重要的是平面和扩散工艺以及外延结构的发明起了作用，这里面包含了大量的科学实验工作，但并没有利用量子力学新发现。"

从历史发展脉络看待问题，是罗沛霖的一个特点。他对技术科学的认识，也是从梳理技术科学的发展历史入手。他认为18世纪的工业革命是沿着两条线发展的：一条线是自然科学的发展，如天文学、物理、化学等，这些学科的发展超前于产业革命；另一条线是技术的发展。瓦特、哈格里沃斯等发明家是"从实践之中直接产生了技术"，这也导致了自然科学和工程技术的分化，纯科学和应用科学的分化。在罗沛霖看来，技术科学的出现弥补了自然科学和工程技术科学的分化，但自然科学和工程技术科学的分化的"遗留作用很强"，应用基础科学（技术科学）对分化的弥合作用不充分。

例如，英国的科学强大，但其工艺技术是薄弱的；美国是近代科学技术的摇篮，美国科学技术发展的时间顺序是现场技术和技术发明、基本技术、应用基本科学、基本科学。罗沛霖引用杨振宁的话，"美国的基本科学是二次大战后才发展起来的"。在二战中及以后，美国人在雷达、原子弹和喷气超音速飞机的发展中，运用基本科学原理，并感受到了基本科学能为他们创造出巨大利润。在他们形成工程科学即技术科学学派的时期，不能离开运用基本科学。日本在二战以后从经济着手，科学技术方面主要是引进和提高，日本取得的专利技术项目很多，但很少有带头的重大发明。苏联是追赶发达地区科学技术不成功的案例，重基本科学，轻生产技术。苏联的缺陷是其科学和技术是分两条线发展的。苏联的基本科学强大，但工程技术比较落后，弥合分化的应用基础科学不发达；对科学研究人员的发展重视，对技术人员重视不够；有才能的人集中到基本科学部门，工业企业技术力量薄弱，只有国防工业例外。罗沛霖认为，中国几乎全部继承了苏联模式，也有类似的缺陷，例如突出重视出品种，出原型（所谓"礼品""展品""样品"），却忽视了基本科学，忽视了技术，忽视了投产技术和正规生产的技术维护，因而使应用基础科学和基本科学一起被忽视；在生产中重数量、轻质量、轻经济效益。

罗沛霖的技术科学思想是根植于其对现代科学技术体系的认识当中的。与当前普遍把现代科学技术体系划分为自然科学、技术科学和工程技术不同，罗沛霖的划分是基础科学、应用基础科学、基本技术、原型技术、（生产）现场技术（1990年）。在这个体系中，应用基础科学对应的概念就是技术科学，是基础科学和工程技术之间的桥梁。罗沛霖对现代科学技术体系的这种划分内涵丰富，是理解其技术科学思想的重要框架。罗沛霖的技术科学思想重要性在于以下三个方面：

其一，深入阐述了技术科学与基础研究的关系问题，明确指出技术科学的主要任务是运用基础科学的成果去具体解决社会实践中提出的大量技术问题，是科学技术发展中极为重要的环节。特别是以苏联科学发展的经验，强调了技术科学对基础科学与工程技术的弥合作用，展现了这些思考的现实意义。

其二，特别强调了工程技术独立发展的重要性。将工程技术细分为基本技术、原型技术和（生产）现场技术，实际上是强调了工程技术的独立性，即工程技术不但会受到技术科学的影响而产生，还会独立产生重大新技术发明。1991年，为提议成立中国工程院，罗沛霖给钱学森去信，说明了提议成立中国工程院的过程，同时也在信中阐述了其对于技术科学的理解。"按一般理解，自然科学指认识客观世界的知识，而工程技术则包括改造客观世界的知识并包含改造客观世界的实践中所有的脑力劳动等。""工程技术是基本科学、技术科学与国家经济、社会、国防建设当中的广大中间地带，这个院（指中国工程院）在跨越这几个重大方面的重大决策方面，能给国家做出更符合实际的，有价值的咨询与评议。"信中对于工程技术存在问题的诊断是他对产业界有深入了解的结果，而这很可能是钱学森所不熟悉的。罗沛霖写道："应当说，我们对于工程技术工作是十分重视的，但是往往只是作为具体项目对待，或者依从于具体项目的建设任务予以安排。这远不是以适应工程技术作为整体对于国家建设无可非议的支配地位。除科研体制的作用以外，上述这一状况以及由此助长了的在建设第一线上工程技术水平提高不快，也正是我们产品质量低，投产慢和科学研究成果不能充分转化生产力的重大致因。为此我们提出迅速成立中国工程院或工程技术院，作为中国科学院的各学部同等性质的国家咨询性与荣誉机构。"

其三，作为一名"一直在产业与学术界之间奔忙"的科学家，罗沛霖的技术科学思想不只是理论思考的结果，更是对国内外科学发展和产业发展思考的结果，因而更加具有现实意义。提议成立中国工程院、对中国科技发展道路的独特认识、提议中国电子工业发展战略和对策等，就是其技术科学思想的体现和实践。下文将详细论述。

可以说，罗沛霖对于技术科学的认识继承、发展和深化了钱学森的技术科学思想。谈及继承，是因为罗沛霖对技术科学的认识与钱学森的思想基本是一致的。钱学森将科学划分为自然科学、技术科学和工程技术三个环节，罗沛霖将科学活动划分为基础科学（基本研究）、技术科学（应用基础科学）、基本技术、原型技术和（生产）现场技术五个环节。他们对科学划分基本构架的本质是相同的，只是罗沛霖在钱学森三个环节的基础上，又对工程技术进行了细化。谈及发展和深化，是因为与钱学森相比，罗沛霖对于产业和学术都有深入的了解，因而更加了解产业发展和科学研究之间的现实冲突和矛盾，他对技术科学的认识是与如何发展中国科技道路的思考紧密联系着的;并且,罗沛霖有着更强的历史感,他是在梳理科学的发展史和美国、日本、苏联发展技术科学历史的基础上形成对技术科学的认识的。郑哲敏先生一直研究、阐发、传播钱学森的技术科学思想,他也提到罗沛霖对他的启发作用。郑哲敏说,罗沛霖对"技术科学有全面而深刻的看法和论著,并特别指出基础技术的重要性,这些对我都很有帮助"。

二、罗沛霖技术科学思想的实践

罗沛霖的技术科学思想不只停留在理论思考层面,也与实践紧密联系。罗沛霖长期在电子工业领导机关从事科学技术的领导工作,特别关心和重视技术科学和工程技术的工作。1996年、1997年,又先后向国家提出"固本工程"的建议,作为加强产业技术工作的重大措施。罗沛霖对科技管理提出建议,既与他来自实践的经验有关系,也与他从技术科学体系去看待问题有密切关系。他从整个科学技术体系的角度去把握技术科学和工程技术的作用,并从这个思想体系出发,提议成立中国工程院;提出中国发展科学的道路,强调技术发展须与当前和长远的经济发展相适应,应重视采用适宜技术;提出电子工业发展阶段和对策等。

1. 提议成立中国工程院

按照罗沛霖将科学技术活动分为基础科学(基本研究)、技术科学(应用研究)、技术发展(研制)和具体的工程技术四个环节,基础科学、技术科学都有相对应的机构(中国科学院物理学数学部、生物学地学部、技术科学部),而技术发展(研制)和具体的工程技术环节往往属于企业研发的环节，没有相对应的国家级科研机构，在国家科技政策制定上也容易忽略这两个环节的科技活动。正因如此，罗沛霖提议成立中国工程院。

中国工程院的成立，也反映出国内科学界对于工程技术的重视，以及科学界对于技术科学、工程技术的概念及关系的认识深化和成熟。20 世纪 80 年代，在中国科学院第一技术科学部副主任刘翔声的支持下，金属所组织力量先后编辑出版了两本有关国外工程院及工程与技术科学院的情况介绍的图书，对以后中国工程院的成立起了参考作用。1981 年中国科学院技术科学部的学部大会提出工程院的建院提议。大会要求学部常委中的张光斗、吴仲华、罗沛霖和师昌绪对工程院成立的必要性和初步方案进行讨论。讨论这个方案，实际上也是厘清技术科学和工程技术概念和相互关系的过程。1982 年 9 月 17 日，罗沛霖与师昌绪、张光斗、吴仲华联名在《光明日报》上刊登了文章《实现四化必须发展工程科学技术》，阐述工程科学技术的重要性。1989 年，王大珩、师昌绪、刘翔声合写的《中国科学院技术科学四十年》一文对技术科学的定义和解释是："技术科学又称工程科学。它运用基础科学的原理，对各种工程技术中的同类型问题，进行概括总结，并深入进行科学实验和理论研究，掌握这些工程技术过程的规律，从而解决具体的技术问题并指导其发展。""在基础科学理论与工程技术实践之间还需要有一个中间环节，这便是技术科学。与基础科学相比，技术科学具有明确的应用目的；与工程技术相比，它又具有理论基础性质。"科学家的这些努力，使得科学界对技术科学、工程技术的概念、关系等问题逐渐清晰了。

　　罗沛霖是建立中国工程院的提议者和推动者，这离不开他对技术科学和工程技术的深刻认识和超强的行动能力。1978年，罗沛霖曾随中国电子学会代表团访美，其间了解到美国国家工程院成立于1964年12月，是美国工程科技界水平最高的学术机构。1986年，由茅以升、钱三强、徐驰等领衔，包括工程师、科教人员等83人提出了一个关于加强工程技术工作的意见书，这个意见书初稿的起草者是罗沛霖。在初稿基础上，罗沛霖又于1986年6月2日完成《关于加强对第一线工程技术界的重视的意见》一文，其中提出建立国家工程院的建议。文中说："现在存在的问题是工程技术工作类别多，量大面广，（中国科学院——作者注）各学部容纳的工程技术人员仅占四分之一，并限于学术水平较高的那一部分。那些工程和第一线技术实践方面经验丰富、对技术经济有发言权而在学术、理论上表现不突出者入选者极少。不少发达国家已经认识到这是个问题。他们认为近一百年来科学与工程技术之间的区分趋于比较明显，因此在1980年已有14个国家（美、英、瑞、澳等）建立了国家工程院。"我国也应有这样的组织，可以根据国内情况参照外国经验和办法组建。它的任务应当是为国家的重大工程问题和技术经济问题提出咨询、审议和论证。因此它应包括我国工程和经济上最有发言权的人员，同时必然也就是工程技术与技术经济方面应享有最高荣誉的人员，并能起到联系全国广大工程技术人员为国家作出贡献的作用。

　　1992年4月21日，由罗沛霖执笔并联系张光斗、王大珩、师昌绪、张维、侯祥麟等人提出"早日建立中国工程与技术科学院"的建议，并最终促成了中国工程院的成立。这份建议体现了罗沛霖对工程技术和技术科学的一贯看法，从科学技术的发展脉络入手提出问题，列举美国、英国等国家设立国家工程院的情况，着眼于中国科技和经济发展的需要而提出"建立中国工程与技术科学院"的建议。文中提出："工程技术应成长壮大，并被充分认识到是与自然科学同等的高层次知识，并与技术科学一起，是对社会、经济、文化发展直接产生极为巨大作用，就有巨大决定意义的因素。""建立这个工程与技术科学院就是为国家提供在技术、经济方面决定重大方针政策，审议重大工程科技项目的设想、计划和成就等方面的一个强有力的参谋和助手。"罗沛霖执笔的这个建议书，反映出他考虑问题的历史纵深和宽广视野，也是他技术科学思想的又一次阐发。

2. 对中国科技发展道路的独特认识

前文提到，罗沛霖对技术科学的认识是从梳理技术科学的发展历史入手，从历史发展看待问题是罗沛霖的一个思维特点。他对中国科技发展道路的认识，也体现出这种历史感。罗沛霖认为，中华人民共和国成立初期学习苏联发展基本科学研究和应用基础研究，但没有注意到俄罗斯传统的消极影响。对于中国科技发展道路，罗沛霖从基础科学、技术科学、工程技术三个视角去分析，认为中国不应当遵循美国在技术发展起来之后再重视基本科学研究的路径，而是应当同时发展基本科学、应用基础科学、基本技术发展和现场技术这四个环节。罗沛霖特别强调技术先行于科学，强调不能必须本国有了基础科学的新成就，才能在技术方面取得新进展。中国的情况也是属于追赶发达地区的类型，"强化生产技术实践是当务之急"。

罗沛霖还着意从经济角度去认识问题。他非常认同提倡"科学技术工作要为经济建设服务"的决策，认为这是恢复了《1956—1967年十二年科学技术发展远景规划》的优良传统。如何实现科学技术为经济建设服务？罗沛霖的观点是，在发展战略上要"远近结合"，实现路径要"立足当前"，"依靠政策、依靠管理技术、依靠教育"。立足当前，就是要考虑到中国前沿科学与经济文化发展的薄弱环节，考虑远近结合中的重大问题。在他看来，前沿技术和常规技术关系的处理，体现了远近结合，前沿技术的带动作用总是以常规技术发展所实现的"广度""深度"为基础的。"我们希望早日采用前沿技术，但必须注意与现实进程间的衔接"，这个衔接可以是前沿带动，但"如果现实距离太远，或带动面与常规需要并不十分符合，则会造成很大浪费"。

罗沛霖认为，科学技术发展必须与当前和长远的经济发展相适应，既要符合社会经济需要，还要建立在社会经济所可能支持的基础上。"倍增"，是罗沛霖将他的技术科学思想和经济发展结合起来而提出来的一个概念。科学技术与经济社会发展相适应，才会有"倍增"效应。"如果科学技术和国家的政治、经济、社会事业的发展相适应，转化的效率就高，生产力的倍增率就大。如果不相适应，甚至于小于一倍，或产生负倍增。"

科学技术与经济社会发展相适应是罗沛霖对技术发展的一个

重要认识。总结中国科学技术发展的历史过程，罗沛霖提出中国的发展道路曾经重产品、轻体系，即忽略"生产工程"，所以出现一种现象——在实用主义思潮影响下，强调"看得见、摸得着"，重视产品发展的成果，忽视以后还要付出更为巨大的努力才能投产，而投产是一项不容忽视的系统性工作，即"生产工程"。因为忽视了"生产工程"，所出"产品"投不了产，只是个原型，被列入"礼品""展品"。与此相对应，罗沛霖提倡科学技术应当符合社会经济的需要并建立在社会经济所可能支持的基础上。因此，他提出经济发展应采用适宜技术，而适宜技术有可能是新兴技术，也可能是陈旧技术。对于适宜技术的概念，罗沛霖给予了清晰的定义。他提出了适宜技术的前提、优化原则、客观要求的制约作用等。他的主要观点是，适宜技术应当符合社会的需要和可能，"适销对路"，技术方法是可以获得的，又应当为劳动者掌握；技术的选择应当考虑生产的具体规模，考虑节约成本，提高性能价格比，实现高的经济效益等。

进一步，罗沛霖提出了前沿科学与科学、经济文化发展的薄弱环节如何结合的问题，提出前沿技术发展总是以常规技术发展所实现的"广度"和"深度"为基础的，采用前沿技术，必须注意和现实进程间的衔接。对于产品，强调"好"（质量）、"中"（不追求高档而瞄准市场上大量需要的中、低档产品）、"廉"（低成本）。从而解决"生产工程"被忽视的问题、加强经济建设中必须解决的技术难题。

罗沛霖对于中国科技发展道路的系列观点，既是从梳理技术科学发展历史脉络和强调技术科学、工程技术作用的视角看问题的结果，也是结合他多年来在产业部门工作经验的结果，具有很强的指导意义。

3. 提议电子工业发展战略和对策

罗沛霖对基础科学、技术科学的认识，不只停留在理论层次上，更是具体体现在电子技术、电子工业发展的观点上，他对电子技术的发展史，也是用应用科学和基本技术两个视角来考察的。按照一贯的思考习惯，在分析电子技术发展方向之前，他首先对电子学的定义、层次、发展方向等问题作了思考。罗沛霖认为，电子学是利用电子运动和电磁波而发展起来的一门技术和应用科学，电子学以其主要在信息作业方面的强大能力而具有强大的生命力。现代电子学包括电子技术、电子科学，并且是围绕着电子设备及其应用的发展而逐步完整、丰富起来的。他将电子科学和技术的结构系统分为四个层次：电子材料、电子构件、电子功能技术和功能单元及单机、电子设备和系统。

罗沛霖对于电子工业发展战略和对策的提出，也是与他的个人经历相关的。1957年，罗沛霖就提出在八个方面加强电子工业的基础。1964年，罗沛霖接受一个短期任务——考察电子的兴起在历史发展中的地位。为完成这个任务，罗沛霖开始学习产业革命的历史，并受到《资本论》中马克思对产业革命论述的启发，提出"新的产业革命是通过控制机去控制那些操作工具的机器，从而又一次倍增了生产力"，即18世纪从欧洲兴起的产业革命是以机械和机械动力为中心的，从"人—工具"的生产劳动模式转化为"人—机械—工具"的生产劳动模式,从而倍增了人的生产能力。当时,罗沛霖引申了这个理论,提出了"人—控制机—工作机—工具"的模式,作为新的产业革命的特征;他把电子、电子计算机看作控制机技术最先进的代表,看作新产业革命的关键要素。

此后,罗沛霖对电子科学技术的发展又继续作了考察和研究。在20世纪七八十年代,他认识到电子对信息作业具有的强大功能,而此前提出的自动控制模式还只是其基本功能之一。由此,罗沛霖深化了此前的认识,开始把电子信息作业这个大范畴当作新产业革命的标志,并于1990年又明确提出文化电子系统的概念、"文化牵引经济发展"的推论,形成了新产业革命的概念。1998年,罗沛霖在《泛论新产业革命》一文中从"倍增生产力"的角度提出信息化产业革命的观点,认识到电、电子、光电子技术在信息作业所需的各种功能上全面地起到了倍增的作用,导致了新的产业革命,而自动控制还只是各种功能的一种。

1984年,罗沛霖对电子工业发展战略及对策提出了12条建议。他认为,电子飞翔的两翼一个是电子科学以及其他有关的应用基础科学,另一个就是和电子有关的基本技术,电子的发展是科学与技术相互促进、技术发展与生产应用相互促进的典型范例。1992年,根据电子技术的进展,罗沛霖扩大为从十四个方面加强电子工业的基础技术与科学:分立器件、集成电路、元件、材料、专用生产设备、测试仪器和计量仪器、构造产品的基本规律、制造和生产中所需的各项工艺的研究发展、专为电子技术解决问题所需的应用基础科学、计算机辅助设计、软件工程、管理工作、人员培养、人机交互设备。现代的电子科学技术，不能离开工程科学或应用基础科学研究，工程技术、应用基础科学、基本科学都要发展，并保持妥善切实的比例。"在重视基础理论研究的同时，用更大的努力解决现代化建设中迫切需要解决的科技问题。"

罗沛霖对于电子工业发展战略及对策的提议，既关注应用基础科学，又关注基本技术，他的思考方式和解决问题的思路，都是其技术科学思想的直接体现。

三、结论：罗沛霖的知与行

罗沛霖的技术科学思想是与实践紧密相连的，这与他的人生经历有着密切关系。1938年3月，罗沛霖来到延安，参加军委三局延安通信材料厂建厂和初期设计并动手制作电台；1948年9月，罗沛霖赴美加州理工学院攻读博士研究生，仅用23个月便完成了课程和论文；1951年，罗沛霖为引进、建设华北无线电器材厂做了大量工作，在德意志民主共和国走遍了十几个专业不同的工厂及研究室，学习产品制造工艺，了解材料、设备要点，并参加工厂的总体设计，回国后承担建厂启动期的技术总负责；1956年，罗沛霖任《1956—1967年科学技术发展远景规划纲要》（简称《规划纲要》）制订电子学组副组长，参与讨论并制订《规划纲要》的工作；1958年，负责超远程雷达研制工作的技术指导和组织协调工作，提出了"门波积累"的思想；1973—1975年期间，组织和指导中国最早的通用计算机100系列和200系列的研制工作。

1980年罗沛霖当选为中国科学院学部委员，后退居二线，开始思考科学体系和发展方向等问题；90岁高龄后，集中心力提倡和推荐中国的发明，支持新兴力量。

在产业部门的经历锻炼了罗沛霖的动手能力，使他养成特别注重工程细节的习惯；担任技术管理者的经历，又显示出他视野广阔的一面。他在20世纪70年代初期时就提出计算机是任何人都可以使用的，甚至家庭妇女都可以口袋里装着计算机上街买菜。作为一名科学家，却选择在产业部门工作，是因为罗沛霖早就注意到了产业部门与学术界建立联系的重要性。1950年罗沛霖从美国回国后，在谈到对工作的设想时说："产业部门和学术界经常缺乏联系。我做了十几年的工程师，又进修了一些高深的物理、数学等课，应该在这个问题上做些工作。是党培养我去美进修的，回来应为国家为党的事业作出贡献，也许这样更有意义。我还是愿意到工业部门。"20世纪后20年，罗沛霖退居二线后开始思考科学体系和发展方向等问题，这是他从理论层面再重新思考产业部门和学术界的联系问题。他独特的人生经历，使得他对科学技术的发展规律、对科技管理的思考都具有很强的实践和指导意义，其技术科学思想对科技管理和电子工业的发展也具有指导意义。虽然罗老谦虚地自称"没有什么系统性的成就"，但"一直在产业与学术界之间奔忙"的人生经历和他晚年对技术科学和工程技术关系的思考，展现了一个科学家"知行合一"的风貌；他的技术科学思想，从经济发展角度看待技术科学的观点，都是值得总结和借鉴的。

（作者：刘　洋　王　楠）

叶培大

中国微波通信与光纤通信事业的开拓者

叶培大

（1915—2011）

2011年1月16日,中国科学院院士、北京邮电大学名誉校长叶培大逝世,世界各地的同人纷纷发来唁函或邮件,其中英国皇家学会会士、皇家工程院院士、南安普敦大学的戴维·佩恩教授尊称叶培大为"The Father of Optical Telecommunications in China(中国光纤之父)",同样如此称呼他的还有美国工程院院士、美国光学学会原主席厉鼎毅,加拿大北方电信原副总裁理查德·斯基伦等多位业界同人。虽然叶培大生前对这一称谓不甚赞同,但其对中国光纤通信事业的发展所作出的贡献由此可见一斑。

众所周知,以诺贝尔奖得主高锟1966年发表论文《光频率介质纤维表面波导》为标志,国际针对光纤的研究进入快速发展阶段。几乎与此同时,我国开始了"文化大革命",对科研环境造成极大的冲击,甚至很多项目被迫中断。拨乱反正之后,国内数位学者将精力投入光纤领域,从事基础研究的包括上海交通大学的张煦、北京邮电学院的叶培大、成都电讯工程学院的林为干、上海科技大学的黄宏嘉,他们四位都有民国时候美国留学的经历,之前都是从事微波通信的研究;在工程方面探索的包括武汉邮电科学研究院的赵梓森和杨恩泽……他们共同成为中国光纤研究的奠基者和学术带头人。今天,中国的光纤研究已经处于世界前列,许多领域甚至领先发展,这些开拓者的贡献功不可没。叶培大是国内第一个光纤通信教研室的组建者,第一批"电子学与通信"学科的博士生导师,本文就来回顾其为中国通信事业的发展所作出的贡献。

一、早期学术经历

叶培大(1915.10.18—2011.1.16),号天一,民国初期生于江苏省南汇县新场镇(现上海市浦东新区新场镇)一个书香之家,其父叶时茂曾于光绪甲辰年间考取秀才,后入上海神州法政专科学校,毕业后先做挂牌律师,再回乡从事私塾、小学及中学的国文教师工作,并以擅长国画、行书闻名乡里。叶培大的启蒙教育是从父亲在私塾设教开始的,初诵《增广贤文》之类,再读"四书""五经",父亲的言传身教和勤学之家风,奠定了其国学基础,培养了他良好的学习习惯。经过五四运动的洗礼,接受新式教育成为时尚,叶培大直接插班到新场镇小学三年级,成绩一直稳居第一。中学就读上海民立中学,该校全部使用英文授课,这又培养了他使用英文思考和交流的习惯。

叶培大于1934年考入国立北洋工学院电机系,该校以"实事求是"为校风,注重实践教学,不尚空谈,叶培大珍惜到实验室动手操作的机会,并注重将所学在生活中应用。他于大二接受《益世报》的聘请,创办《无线电副刊》并担任主编,向读者普及无线电知识,还开辟《读编往来》专栏回答读者提出的疑难问题。由于问题通常难度较大,涉及面宽,这对于学生时代的叶培大来说无疑是一大挑战,但也激励他不断思考,积极动手实验。

幸福的学习生活却因抗战爆发而结束。1937年暑假,叶培大已经前往江苏无锡戚墅堰电厂实习,还没几天就传来了卢沟桥事变的消息,不久天津沦陷。北洋工学院被迫西迁西安,与北平大学、北平师范大学合组为西安临时大学继续办学。叶培大实习结束之后无校可归,只能孤身先到南京,再乘船赶往武汉,最后步行辗转到达西安。学校虽勉强复课,"至于图书资料绝少带出,仪器设备更谈不上,一时间临大校舍、设备、图书等等全面告急"。如此艰苦的条件却也难以长久,春节刚过,关中门户潼关告急,日军不断空袭西安,学校被迫再次南迁,师生步行穿越秦岭,再到位于汉中城固县古路坝天主教堂办学。跋涉路途虽然艰辛,但叶培大却有幸结识了河北女子师范学院的袁保鑫,二人相互鼓励,一路前行;城固求学虽然艰苦,但课余叶培大喜欢打篮球,来看他打球的人也非常多。原来叶培大打球之后,袁保鑫总会用自己的白手绢为其擦汗助威。袁氏出身江苏武进县书香名门,其曾祖父袁学彬为太学生,晋封荣禄大夫,祖父袁励忠为国学生。大家闺秀的袁保鑫,凭借白手绢博得工科男生的注意,历经患难最终与叶培大结为校友伉俪。1938年夏,叶培大完成学业并留校担任助教,但苦于缺乏仪器仪表和必要的实验条件,于1940年告别母校,前往重庆就职于中央广播电台。

抗战时期的中央广播电台,肩负着鼓舞民众、宣传抗日的重任。叶培大负责电台的技术保障,在工务科长钱凤章的带领下,参与了电台10千瓦中波机和单杆天线的安装调试工作,同时负责扩音器的日常维护事务。当时,电台播出的"Voice of China"(中国之声)几乎成为中国向世界传播抗战声音的窗口,因此也成为日寇轰炸的重点。为宣传抗战，蒋介石及宋氏三姐妹经常到电台发表抗战演讲，叶培大就在旁边负责技术保障，从未出过差错。抗战胜利前夕，他又获得公费赴美实习的机会，先后在美国国家广播公司和加拿大北方电气公司，专注于杜黑特电路的研究。就在赴美的邮轮上，他收听到了日本投降的消息。

回国之后，叶培大回到中央广播电台，负责广播技术工作。他主持设计、安装、调测了中国第一部 100 千瓦的大功率广播发射机，在射频末级巧妙地采用了他在国外实习时所掌握的高效率的杜黑特电路；同时他还主持设计完成了当时全国最大的菱形发射天线网的架设，实际投入运转时对北美、欧洲的发射效果都显示出良好的功用；当南京淮海路的中央广播电台广播大厦竣工后，他又承担了播音室播音系统的全面设计调试工作。中华人民共和国成立之后，叶培大回到母校北洋大学任教，1954 年参加北京邮电学院的筹建工作，并在该校任教终生。

二、"通信泰斗，国脉光驱"[1]

回顾叶培大一生的科研经历，首先从事无线电通信，20 世纪 50 年代中期转向微波通信，又于 60 年代中期开始研究大气光通信，再于 70 年代末期转向光纤通信。每一次科研转向，叶培大都能敏锐地把握国际科技发展趋势与国内需求，开辟全新的研究领域，作出扎扎实实的新突破。他所开展的光时分复用、光分组交换、光突发交

---

[1] 这是中国工程院原副院长邬贺铨院士以晚辈的身份对叶培大的评价。

换等领域的研究，几乎都处于国际同步的水平。

1. "让整个天安门广场听见声音"

中华人民共和国成立初期，共产党负责全国通信领域接收与恢复重建的是李强，他早年曾在苏联从事无线电的研究，"成为全苏7位无线电专家之一，名字被收入《苏联百科词典》，其研究成果被命名为'李强公式'"。南京解放以后，已经担任中央广播事业管理局副局长的李强，看到叶培大主持设计的菱形天线网，当即就希望让其到自己身边工作。这时的叶培大已经回到北洋大学任教授，而李强考虑到新政权急缺高级工程技术人员，北京作为新的首都，广播却处于全面瘫痪的状态，同时又要承担向全国广播的新任务，面临电台扩建的需求，求贤若渴的李强点将让叶培大到该局兼任工务处的技术顾问。这期间，叶培大最重要的工作是负责主持全国省级广播电台播音大厦的设计标准制定工作，还参与新建中央人民广播电台的设计与施工，以及恢复扩建100千瓦双桥电台——这是当时北京最大功率的广播发射台。叶培大凭借其扎实的理论基础，借助多年的工作经验和独立思考，解决了无数的技术难题，加快了我国广播电台事业步入正轨的步伐。

新政权也赋予了天安门广场新的政治意义，由于举办重大庆典活动的需要，必须保证整个天安门广场都能听见毛主席的声音，需要重新设计安装广播系统。这就要求做到统筹布局，既不能有"哑点"，也不能有回声，但广场周围建筑较多，声音反射条件复杂是难点所在。在资源匮乏的条件下，叶培大只能反复实地测试，不断修改设计方案，以达到最优效果。根据后来多年的运行效果来看，这项工作是成功的。

2．"毫米微波，波导远传"[1]

伴随着新中国建设步伐的加快和科研环境的逐步改善，1956年全国掀起"向科学进军"学习运动，同时开始制定实施《1956—1967科学技术发展远景规划》，叶培大在这一时期也开始从事微波通信的研究。

微波通信由于波段广阔、收发设备小等优点，在国际上于20世纪50年代进入快速发展期，1957年苏联人造卫星的成功发射，则让微波中继通信的前景变得更加广阔。"1956年中国从民主德国引进第一套微波通信设备"，吸收了一批学者开始从事这一领域的研究，从此中国微波通信踏上从引进、消化吸收到自主研发的征程。当时担任中科院电子所微波技术研究室主任的黄武汉正在从事"毫米波圆波导 H_{01} 通信系统"的研究，目的在于实现毫米级电磁波在波导金属管内的定向传播，但技术也较为复杂。黄武汉主动邀请叶培大合作，经过几年的努力，终于成功实现了几十万对电话在同一条铜圆波导管内同时传输，极大地推动了微波精密工艺的进步，叶培大以此发表了数篇学术论文。

邮电部微波通信研究的重点在通信设备的研制领域，他们首先组织了60路微波通信设备的研制，于1962年获得成功，1966年又研制成功了600路微波通信系统，"使中国的微波通信技术和当时国际水平的差距缩短到10年左右"。该项目的研发主要在506

---

[1] 这是中国科学院黄宏嘉院士对叶培大早期研究的评价。

厂（北京通信设备厂）进行，叶培大一边参与研究，一边为该厂技术人员讲解理论课程。1969年邮电部完成960路固态化微波通信系统的研制，但仅能勉强实现通信，所以1974年又重新组织960路微波中继Ⅱ型机的研制。当时虽处"文革"时期，但叶培大在600路研制时与506厂建立了密切的联系，大家都佩服其技术水平，所以再次邀请他参与进来。叶培大与技术人员一起，自主研发出微波波导校相器、分并路器、直接耦合滤波器等器件，使得信号传输质量能够满足国际无线电话咨询委员会有关2500km参考电路的建议要求，并于1978年获得全国科学大会集体项目的奖励。与506厂合作期间，叶培大还亲自设计了120路数字微波系统，并于1983年研制成功，从而使我国的微波电话通信由模拟转向数字通信。

3. 与光同行

光纤通信由于容量极大、体积小、重量轻、不受电磁干扰等优点，在"文革"期间成为国际上通信发展的新趋势。而我国直到1973年才在位于武汉的电信总局528厂赵梓森的争取下，"设立光导纤维研究组，正式开展光导纤维的研究工作"，国务院科技办公室又于1974年将光纤通信项目列为国家"五五"计划重点赶超科研项目，"全国科学大会"也把光纤通信确定为国家重点攻关项目。1978年4月，邮电部在武汉召开光纤通信技术会战会议（简称"78.4会议"），明确了邮电系统光纤通信大协作大会战的目标。叶培大迅速在北邮建立起光通信实验室，并抓住"相干光纤通信系统及部件研制"这一具有战略意义的前沿课题进行攻关，在国内首次研制成功了相干光纤通信试验系统和长波长单频可调谐半导体激光器等一批关键器件。经过几年的不懈努力，该课题的研究于 1986 年获得邮电部科技进步二等奖。

20 世纪 80 年代初，"在现在通用的单模光纤研制技术尚未成熟之前，叶培大着力指导研究生进行'多模光纤传输系统中模式噪声'的攻关研究"，从而使我国在该领域的研究处于世界前沿水平。90 年代之后，叶培大又带领团队将研究方向聚焦于光孤子通信领域，并研制成功相应的实验系统，系统地研究了多模光纤通信系统中的模式噪声和单模光纤通信系统中的极化噪声等重要课题，攻克了光时分复用、光波分复用等高速宽带光纤通信系统中的一系列关键技术。这些开拓性的研究几乎都处于国际同步水平，有力地促进了我国光通信事业的发展。叶培大当初建立的光通信实验室，已经发展成为北京邮电大学信息光子学与光通信研究院，信息光子学与光通信国家重点实验室。

晚年的叶培大仍然对前沿技术有着敏锐的洞察力。早在 1998 年初，他就让实验室关注光纤拉曼放大器，以及光波分复用技术在城域网的应用研究，并从北京电信争取到一笔经费，资助这一方面的研究。当时很多人不理解，认为光波分复用技术的主要用途在于长途干线网，城域网领域的应用潜力有限。后来的技术发展证明，叶培大的预测是正确的，朗讯公司在全美铺设的长途干线光纤网络正是采用的拉曼放大器，而光波分复用技术也广泛应用于城域网领域。叶培大提前关注该领域的研究，是非常具有远见的。

4. 战略科学家

担任北京邮电学院院长之后,叶培大需要站在更高的视野思考国家未来邮电学科的发展方向,同时有更多的机会接触政产学研等各界高层人士,这就促使他从事大量"软科学"的研究,针对发展决策中所面临的复杂性、专业性和系统性的难题,探索能够落地的应对措施和解决之道,从而奠定了我国通信学科高技术领域"硬发展"的基础。

叶培大从事战略研究,要从 1985 年在《红旗》杂志发表《通信技术与现代化建设》一文开始。当时我国通信基础设施的建设,仍停留在中华人民共和国成立初期的水平。而当时国际社会已经大量应用光导纤维、通信卫星、自动交换技术等现代通信技术,国人体会不到社会发展对通信的依赖程度,更不知道"地球村"[1]的概念已经提出快 20 年。叶培大愿意为改变通信的落后面貌鼓与呼,但也知道改变人们对通信的传统认识绝非一朝一夕的事情,所以他首先选择在权威杂志上发表一些科普文章,通过舆论呼吁,强化社会认识。文章介绍了国际社会通信现状,并预测性分析了我国的应用前景,提出通信是现代社会的"神经系统",以及"远程教育""信息共享"等概念。该文"等于是给中央及地方的许多干部群众上了一堂生动的现代通信的普及教育课,在深层意识上也催化了全社会的

---

[1] "地球村"(Global Village)概念最早由加拿大传播学家马歇尔·麦克卢汉(Marshall McLuhan, 1911—1980)于 1967 年在其《理解媒介:人的延伸》(*Understanding Media: the Extentions of Man*)一书中提出。

思维意识，对后来通信事业的发展起到了一定的潜移默化的影响"。

文章的发表引起了中央对通信事业的重视，在中科院学部的委托下，他出任"通信合理结构"专题研究组组长，从技术和管理两个层面展开调研论证，针对我国通信事业的发展路径和体制机制问题，撰写了《按照商品经济规律改革我国通信管理体质的建议》等决策咨询报告，观点鲜明地提出了政企分开、打破专营格局、建立股份制公司、外资开放等 9 条建议措施。在当时的社会环境下，报告显然涉及很多敏感话题，甚至有评论说是"全盘西化"，并猜测说"叶培大可能要挨批"，但后来中央仍采用了这份报告，说明这是我国第一个较为完整的邮电系统尤其是电信方面的体制改革方案，并且成为中国联通成立的奠基性文件。时任中国吉通公司董事长的陆首群曾盛赞叶培大为"邮电系统内第一个反对电信垄断的专家"。

为了跟踪世界战略性高技术发展前沿，提高自主创新能力，我国开始实施"863 计划"，最初包括生物技术等 7 个领域、15 个主题项目领域。方案颁布之后，叶培大就敏锐地意识到，信息技术领域涉及的 3 个主题都是信息处理的基础研究，缺少针对通信技术应用领域的研究，而通信高技术是未来社会发展的"神经系统"，为什么没有列入计划呢？他考虑能否在计划中增设"通信高技术"专项，但计划是国务院批准的，再增补一个专项又谈何容易。因此，他组织了一个小组进行耐心细致的调研，直到 1990 年底才拿出令自己满意的报告。这份报告经中科院报送国务委员宋健同志，然后征求王大珩等四位发起人的意见，陈芳允提出当初他也有搞卫星通信的设想，但又认为应该由军方来做，最后他们都同意增设这一主题并上报国务院。与此同时，叶培大也不断通过各种渠道呼吁，甚至联名马大猷等七位学部委员直接给中央建议，使得这一主题终于在1992年初获得批准，叶培大任专家组组长。当时我国的电话用户不到1000万，"电话平均占有率为1.26%，不仅大大低于发达国家的先进水平，甚至也比非洲的平均水平（4%）低出3倍以上"。主题前瞻性地提出"到2000年，掌握宽带化、智能化、个人化综合业务数字网（BIP-ISDN）的关键技术，为中国21世纪通信产业的发展提供必要的技术基础"的战略目标。经过二十余年的发展，我国在通信高技术领域积累了较好的研究基础，并由被动跟踪国际变成行业的引领者。

正是因为叶培大不断地从战略角度思考中国通信事业的未来发展路径，他提出的《建设我国国家信息基础结构》等建议报告不断受到国家领导人的重视，成为通信领域国家决策的重要依据。1996年，国务院成立经济信息化联席会议，2001年成立国家信息化工作领导小组，叶培大均担任专家组组长。在这一岗位上，他对国家通信事业的发展和信息化建设决策，发挥了极其重要的作用。

三、"培育学府邮电有道，大师门墙桃李芬芳"[1]

熟悉叶培大的人，对他的第一印象是课讲得好。他的职业生涯

---

[1] 这是中国科学院院士王大珩给叶培大的题词。

从未离开过讲台,年近九旬仍登台授课,甚至在"文革"刚结束的鉴定材料里,首先提到的也是"该同志热爱党的教育事业,教学效果好,编写讲义通俗易懂"。他说:"我就是一个教师,认认真真、严谨负责地做了一辈子教师,是我人生最大的幸福。"

1. "乐育菁莪"[1]

叶培大一生获奖众多,但他本人最为看中的是 1995 年同时荣获"全国优秀教师"和"北京市优秀教师"。他说:"与青年学生在一起,精神振奋,思想活跃,可以不断地努力耕耘前进。"从西北联合大学毕业留校任教开始算起,在中央广播电台工作的同时他还在金陵大学兼职授课,然后是回到母校北洋大学担任教授,再到参与组建北京邮电学院,1959 年成为中国最早的一批研究生导师,他获得的最后一个奖项是 2009 年"优秀博士论文指导奖"。他在生命的最后时刻,仍在坚持指导研究生。

叶培大始终把讲课当成一门艺术,本着"尊重科学、尊重学生"的理念,对课堂教学的质量要求非常高。他说:"当教授就要讲课,在教学上自认为一个特点是备课十分认真,刻苦钻研,非学到自己认为彻底清楚不可。也注意精简扼要,逻辑清晰,表达流畅,使人乐于聆听。"他的教案都坚持亲自撰写并逐年更新;再熟悉的教学内容,他也坚持课前试讲;他坚持站着授课,甚至年近九旬仍坚持用英语讲授理论性极强的研究生课程"光波导技术基本理论"。他板书优美,讲课重点突出,形式多样,深入浅出,引人入

---

[1] 这是诺贝尔奖获得者、"光纤之父"高锟对叶培大的评价。

胜,很多听过他课的学生都说:"听叶先生的课是一种享受。"他的学生张民曾回忆说:"叶先生的授课内容还及时汲取通信前沿的最新成果,他经常在课堂上顺便提及前一日刚读到的通信领域的最新资讯。"

对于研究生的指导,叶培大始终坚持"学以致用"和"教学与科研相结合"的治学思想。他说:"身教和言传同样重要,教师的治学精神和品行作风对学生有着潜移默化的影响。"所以,他经常结合自己的亲身经历,培养学生分析问题和解决实际问题的能力。他"要求青年老师从最基础的实验工作做起,上讲台的教师一定要参加科研工作,加强工程师基本技术的训练"。鼓励创新是叶培大对学生的基本要求,他常说"大项目出大人才",鼓励学生参与到重大的科研项目中来,在摸爬滚打中培养过硬的本领。他的学生唐雄燕曾说:"先生之所以能将学生带到学术研究的最前沿,是与他深厚的学术功底、敏锐的洞察能力和广泛的国际交流分不开的,更重要的是先生对新兴技术领域有着强烈的探索欲望,对研究工作有着锐意创新、追求卓越的开拓精神。"

2. 北邮掌门人

叶培大不满足于自己是一位"名师",他更希望把北邮建成"名校"。他于 1954 年开始参与北邮的筹建,位居建校时仅有的三位教授之首,之后历任该校无线系主任、院长助理、副院长、院长,可以说北邮的建立和发展耗费了他大量的心血。而北邮师生信任叶培大,尊重叶培大,当 70 岁高龄的叶培大退休之后,北邮师生又请他出任"名誉院长",可见师生对其工作的肯定。

作为一名教育管理者，狠抓教学质量是叶培大坚持的基本原则。他从1962年起任第一、第二届北邮学术委员会主任，担任校领导期间也是主抓教学工作，还经常深入第一线听课，检查教学质量。他提出"忽视基础将永远落后"的理念，从三个方面来提高教学质量：一是抓师资的培养与提高。恢复高考之后，师资也面临着知识水平不高的问题，他创造各种条件，让教师进修学习，在3年之内达到基础理论、外语、科研、教学全部过关，能够较高质量地胜任教学工作，并有相当的科研能力。二是抓外语教学。提高外语教师的授课水平，学生则实行外语分级考试。三是抓实践教学。面对实践环节少、实验少的状况，他要求从思想上和具体问题上重视实践，"要逐步恢复实验室的数量，增加实验室的开放时间，必须开出的实验要积极创造条件尽快开出"。可以说，这三个方面都是"硬骨头"，但为学校的长远发展打下了坚实基础。

面对学生培养目标不清晰的问题，叶培大提出北邮作为一所以工科为特色的院校，既要明确哪些是学生必须掌握的基础理论知识，又要提高动手能力，他主持制定了北邮各层面的培养目标："本科生，要基本完成所学专业工程的、全面的系统训练；硕士研究生则必须完成这一系统训练，并在导师的指导下确立更为细分的研究方向；而博士生在完成前一级学业之上，还必须具有不断开拓创新的能力。"

叶培大对我国电子通信学科的学位教育发展，也作出了重要贡献。他于1983年出任国务院学位委员会电子学与通信学科评议组的召集人，并建立了该学科正规严格的学位评审制度。他提出"重点学科和导师队伍的建设是提高研究生培养质量的关键"。重点学科能够提高培养质量,一是因为"大项目出大人才",我国在航天、导弹、核动力和卫星回收领域人才辈出,是依靠大项目锻炼了人才勇挑重担、敢打硬仗的本领;二是"在战争中学习战争",特别是博士生的培养必须依靠重点学科,"如果没有相当水平和相当难度的科研项目,没有像样的工作基础,没有浓厚的学术氛围,没有较为先进齐全的仪器设备,培养高质量的研究生就是一句空话";三是由于"名师出高徒",研究生教育虽然其独立性增强,但也表现出更高层次的依赖性,"需要导师在研究方向上定向、把关,在研究方法上言传身教,在研究过程中启发诱导"。

3. 学术交流使者

中华人民共和国成立之后的很长一段时间,我国对外学术交流几乎中断,导致国内学者根本不知道国外通信技术的发展状况。由于具备良好的英语基础,叶培大偶尔能够接触到一些国外的技术资料,所以他知道国内已经远远落后于国外。当改革开放之后国门打开,叶培大首先要做的就是畅通国内外学术交流的渠道,于1979年远赴荷兰参加国际光通信学术讨论会。

叶培大通过各种途径与国外机构建立固定的学术联系,搭建中国通信领域与国际前沿研究机构学术交流的桥梁。他把自己当作小学生,虚心向各方面的专家请教。他说:"一个做前沿研究的学者,只有工作是国际水平的,培养出来的研究生才是国际水平的。只有培养过程是面向世界的,所造就的人才才能走向世界。"1983年开始他定期邀请"光纤之父"高锟来北邮讲学,介绍光纤通信研究的国际进展。他还争取一切机会参加国际会议，借助这一机会与国际同行建立联系。借助曾经在美国实习的经历，他几乎每年都去美国一两次，更是与贝尔实验室建立了良好的合作关系。

为了扩大学术交流的范围，叶培大还创造机会在国内举行学术会议。从 1985 年他在北京主持召开"中日光纤科学及电磁场理论会议"开始，他每年都至少组织一次以上的国际会议。由他担任会议主席或执行主席的国际会议先后有 20 余次，其中较有影响的包括国际电信流通及网络研讨会、国际通信技术会议等。这些会议打开了我国光通信学科与国际交流的窗口，加速了赶超世界先进水平的步伐，培养了一大批技术骨干，更难能可贵的是"始终以其深具前瞻性的会议宗旨，不断指导着学术的前行方向和现代科技的发展趋势"。叶培大说参加"国际会议最大的收益，就是开阔我们的眼界、明确未来的方向"。

叶培大不但自己积极参与国际交流，还想办法把学生送出去出席学术会议，甚至出国留学，攻读学位。实验室日常的学术例会，他要求学生用英文做学术报告，锻炼表达能力。同时，他还鼓励学生去国外学习，"去获得第一手材料，回来以后才能真正地为中国的通信事业做贡献"。叶培大在课题组还立下一个规矩，凡是学生外出参加学术会议，必须先在内部试讲，只有过了关的学生才能出去，这样就使参会论文的水平有了很大的提高。

叶培大所提供的国际学术交流机会，打开了我国通信学科国际交流的窗口，对促进我国跟踪国外高新技术前沿、学习先进经验，加快赶超世界先进水平的步伐，培养和锻炼年轻科技人员的学术交流能力,作出了很大的贡献。因此,他先后获得中国科协周培源国际交流二等奖、何梁何利基金科技进步奖等。1988年在美国费城举办的国际通信会议上,他还被授予美国独立宫金钥匙奖。

四、叶培大的治学思想

回顾叶培大的成长历程,他虽然先后经历了"抗战"和"文革",但仍作出了许多开拓性的贡献。我们不禁要问,影响其成功的因素,除了刻苦勤奋、目标明确、锲而不舍,还有哪些呢?

1."忽视基础将永远落后"

叶培大说"忽视基础将永远落后",他很注重抓基础。所谓基础就是"理",是基础理论,也就是数学和物理。他这样说,也这样做。在北邮,叶培大长期坚持抓教学工作,而且特别注重基础课的教学。建校初期,由于缺少基础课教师,他挑选年轻教师到其他学校听课进修,自己还亲自登台传道授业。他一生中所任教的课程,如电工基础、无线电基础、电磁场理论及微波技术基础、导波理论、光纤理论、无线电发送设备等课程,都是通信专业的基础课程。

在实验室建设过程中,叶培大更是注重打实基础。他曾把中科院半导体所的著名半导体物理学方面的专家王启明院士请过来给学生讲半导体光电子器件理论;还请北邮自己校内的优秀数学家佟庆博先生来讲数学理论。在实验器材方面,叶培大坚持关键器件由自己动手做,以免受制于人。虽然自己动手做没有直接买容易,而且做的过程中还要面临各种困难,但是从学科和团队的长远发展来说，还是值得的。他说："培养创新能力，一定要勤奋刻苦，锲而不舍。这是基础，没有这个基础，根本就谈不上创新。"

叶培大重视的另一个基础是英语，这与其受到的教育是分不开的。在民立中学六年求学期间，使用的是英文授课，考查更是极其严格；在北洋工学院期间，学校也是使用英语原版教材，部分课程使用英文授课。所以，他一生坚持学习英语，并用英语授课。抗战末期他能以第一名的身份获得赴美进修的机会，改革开放之后极力倡导国际学术交流，都是与良好的英语基础分不开的。

2．"教学与科研相结合"

叶培大说："我毕生教学与工程技术工作并重，教学与科研开发工作并重。我认为两者相辅相成，做工程技术或科研开发工作，获得实际经验，实实在在地理解和认识，为教学工作奠定扎实的基础，也为教学工作提供新的内容和学科的最新动向。反过来，通过教学工作，系统全面地掌握相关的学科，进一步融会贯通，萌发新思想，有利于工程技术或科研开发技术工作的创新。"

对于像通信这样的学科来说，没有很强的动手能力，是很难取得突破和成绩的。早在北洋工学院时期，叶培大就担任《益世报（无线电副刊）》的主编，在报纸上一边介绍无线电技术前沿，一边回答读者来信。从副刊上刊登的内容来看，大部分是教科书上没有的知识。叶培大后来回忆说："大部分内容都是自己动手琢磨出来的，书本上没有这些东西。"后来叶培大的研究方向，先后经历了无线电通信、微波通信和光纤通信等阶段，对于每个阶段，他都表现出极强的动手能力。

3. "执着出奇，团结制胜"

叶培大所创建的实验室，一直把"执着出奇，团结制胜"作为室训。先说"执着出奇"，叶培大强调科学研究不是轻而易举的事情，一定要锲而不舍，一竿子插到底，始终坚持不懈才能有所作为。"执着"还要真刀真枪地钻研有意义的实际问题，不能虚晃一枪，这对实验室的研究选题影响非常大。

对于"团结制胜"，叶培大很早就提出现代科学技术已不是单个天才人物就能完成的事业，而是更多人团结一致才能有所作为，因此科研人员必须彼此合作，不仅是校内的合作，还要放远眼光，争取全世界范围内的合作，这叫"五湖四海"。所以叶培大争取各种机会，畅通与国际交流的渠道，与世界上最优秀的同行交朋友。他说中国科研水平的提高有赖于国际合作的深度和广度，实践证明，他的主张是非常重要和正确的。

> 致谢：本文在撰写过程当中，曾接受访谈或提供帮助的人士包括叶培大先生的子女（儿子叶尔强，儿媳党瑛，女儿叶尔宪、叶尔愉），同事（陈俊亮、钟义信、李秀峰），学生（林金桐、任晓敏、张民），在此一并致以衷心的感谢。

（作者：陈印政　牟焕森　王大明）

参考资料

卢嘉锡　集科学家、教育家与科学管理于一身的实践家

[1] 卢嘉锡,蔡元霸. 结构化学研究中若干方法论问题[J]. 自然辩证法通讯, 1981:16–22.

[2] 蔡元霸,卢葛覃. 卢嘉锡的科学研究风格和特色[C]. "中国科技思想与传统哲学暨科学史基础理论"研讨会,2003.

[3]《卢嘉锡传》写作组. 卢嘉锡传[M]. 科学出版社,1995.

[4] 探赜索隐　立志创新——中国科学院福建物质结构研究所建所三十周年论文选集　结构化学与晶体材料科学部分　(1960–1990)[C]. 福建科学技术出版社,1990.

[5] 卢嘉锡. 过渡金属原子簇化学的新进展[M]. 福建科学技术出版社,1997.

唐敖庆　中国理论化学学派的缔造者

[1] 郭保章. 中国化学史[M]. 江西教育出版社,2006.

[2] 高等学校学报编辑部. 庆祝唐敖庆教授执教五十年学术论文集[C]. 吉林大学出版社,1990.

[3] 吕焕东,宋文敏. 奋斗者的足迹——吉林大学化学学科史料[Z]. 吉林大学内部发行,2002.

[4] 邓莉娜. 唐敖庆轶事[J]. 中华儿女(海外版),1994.

[5] 梅宜. 唐敖庆教授执教五十年庆祝大会在吉林大学隆重举行[J]. 高等学校化学报,1990.

[6] 国家自然科学基金委员会. 倾心科教　高谊可风[J]. 中国科学基金,2008.

[7]《唐敖庆科学论文选集》编辑委员会. 唐敖庆科学论文选集[C]. 吉林大学出版社,1996.

[8] 徐光宪. 徐光宪文集[C]. 北京大学出版社,2000.

[9] 唐敖庆,沈家骢,汤心颐,陈欣方,颜德岳. 高分子反应统计理论[M]. 科学出版社,1985.

[10] Auchin Tang, Chiachung Sun, Yuansun Kiang, Zunghao Deng, Jochuang Liu, Chainer Chang, Guosen Yan, Zien Goo, Shusan Tai. Theoretical Method of the Ligand Field Theory (Eng. Ed)[M]. Science Press,1979.

[11] 唐敖庆,孙家钟,李学奎,赵景愚. 配位场理论方法补编——三维旋转群-点群的偶合系数[M]. 科学出版社,1988.

[12] Auchin Tang, Yuansun Kiang, Guosen Yan, Shusan Tai. Graph Theoretical Molecular Or bitals (Eng. Ed)[M]. Science Press,1986.

[13] Auchin Tang, Qianshu Li. A structural Rule of Polyhedral Boranes and Heteroboranes[J]. International Journal of Quantum Chemistry,1986.

[14] Auchin Tang and Qianshu Li. Eigenvalues and Eigenfunction of Huckel Hamiltonian for Carbon Species with Dp or Dph Symmetry[J]. Chemical Physics Letters,1993.

[15] 乌力吉. 1963年在吉林大学开办的物质结构学术讨论班[J]. 中国科技史杂志,2009.

[16] 吉柯甘,柯斯良. 倾心为国育才的唐敖庆教授[J]. 瞭望,1987.

[17] 中国科学院学部联合办公室. 中国科学院院士自述[M]. 上海教育出版社,1996.

[18] 颜德岳. 师恩难忘[N]. 吉林大学校报,2008.

[19] 伍卓群. 缅怀唐老　学习唐老[N]. 吉林大学校报,2008.

[20] 刘永新. 一代宗师　风范长存[N]. 吉林大学校报,2008.

[21] 路宁. 大写的"人"[J]. 中国科学基金,2008.

钱临照　新中国科学事业的铺路者

［1］钱穆.八十忆双亲师友杂忆合刊［M］.台湾东大图书有限公司,1983.

［2］Harvard College Class of 1913［J］.First Report,1914.

［3］钱临照.怀念胡刚复先生［J］.物理教学,1990.

［4］钱临照.大学物理实验杂谈［J］.物理实验,1984.

［5］江西省政协文史资料研究会,高安县政协文史资料研究会编.吴有训［M］.中国文史出版社,1990.

［6］蔡元培.蔡元培选集(下卷)［M］.浙江教育出版社,1993.

［7］钱临照.追忆严济慈先生早年的科研活动［N］.中国科学报(海外版),1996-11-25.

［8］严济慈.严济慈科技言论集［M］.上海教育出版社,1990.

［9］胡升华.北平研究院物理研究所工作述评(1929-1949)［J］.物理,1997.

［10］鲁大龙.钱临照与中国科技史［C］.第七届国际中国科学史会议,1997.

［11］钱临照.晶体缺陷研究的历史回顾［J］.物理,1998.

［12］李林.对我的老师钱临照的怀念［J］.物理,1999.

［13］麦汝奇.从事科教六十八载　至老弥坚——庆贺钱临照院士九十华诞［J］.中国科技史料,1996.

［14］石云里.文章薪火　永烛后学［N］.中国科大报,1999-08-30.

［15］葛耀良,续超前.钱临照教授谈教育与人才［N］.人民日报(海外版),1986-06-21.

［16］胡升华.叶企孙先生与熊大缜案［J］.中国科技史料,1988.

［17］钱临照.纪念物理学界的老前辈叶企孙先生［J］.物理,1982.

徐光宪　中国理论化学的奠基人之一

［1］徐光宪.理论化学与21世纪化学学科重组前瞻［J］.结构化学,2000.

［2］徐光宪.物质结构［M］.人民教育出版社,1959、1961、1963、1978、1983.

[3] 徐光宪. 徐光宪文集 [M]. 北京大学出版社, 2000.
[4]《中国化学五十年》编辑委员会. 中国化学五十年 [M]. 科学出版社, 1985.
[5] Xu Guangxian, Xiao Jimei. New Frontiers in Rare Earth Science and Applications [M]. Science Press, 1985.
[6] Xu Guangxian, Xiao Jimei, Yu Zongsen, Chen Minbo. Proceedings of the Second International Conference on Rare Earth Development and Applications [C]. International Academic Publisher, 1991.
[7] Xu Guangxian, Xiao Jimei, Yu Zongsen, Yan Chunhua. Proceedings of the Third International Conference on Rare Earth Development and Applications [C]. Metallurgical Industry Press, 1995.
[8] Li Lemin, Ren Jingqing, Xu Guangxian, Wang Xiuzhen. INDO Studies on the Electronic Structure of Lanthanoid Compounds [J]. International Journal Quantum Chemistry. 1983.
[9] Li Zhenxiang, Ni Jiazuan, Xu Guangxian, Ren Jingqing. INDO Study of Electronic Structure of the Macrocyclic 15-crown-5 Complex of Lanthanum Nitrate [J]. Journal of Molecular Science, 1985.
[10] 王学欣, 唐晋. 润物细无声——徐光宪教授八秩华诞志庆集 [C]. 科学技术出版社, 2001.
[11] 中国科学院学部联合办公室. 院士自述 [C]. 上海教育出版社, 1996.
[12] 高等学校化学学报编辑部. 庆祝唐敖庆教授执教五十周年学术论文专集 [C]. 吉林大学出版社, 1990.
[13]《唐敖庆论文选集》编委会. 唐敖庆论文选集 [C]. 吉林大学出版社, 1996.
[14] 徐光宪. 继承唐敖庆遗志, 展现中国当代化学魅力 [J]. 高等学校化学学报, 2008.

申泮文 我国氢化学的开拓者

[1] 申泮文. 我的教育人生: 申泮文百岁自述[M]. 中国科学技术出版社,2015.

[2] 白春礼. 20世纪中国知名科学家学术成就概览·化学卷[M]. 科学出版社, 2012.

[3] 申泮文. 西南联大纪念专辑序言[J]. 高分子通报,2015.

[4] 申泮文. 山西省腐殖酸资源的分布[J]. 山西大学学报,1978.

[5] 杨丽然."文革"后期的科研——申泮文访谈[J]. 中国科技史杂志,2011.

[6] 申泮文,张允什,陈声昌,等. 氢化铝锂新合成方法的研究[J]. 高等学校化学学报,1982.

[7] 申泮文,张允什,陈声昌,等. 氢化铝钠合成方法研究[J]. 化学通报,1984.

[8] 申泮文,车云霞. 金属还原氧化反应的研究[J]. 化学通报,1984.

[9] 申泮文,张允什,车云霞,等. 惰性盐分散NaH合成的研究[J]. 化学通报,1985.

[10] 申泮文,汪根时,张允什,等. $LaNi_5$的化学合成及吸氢性能[J]. 高等学校化学学报,1980.

[11] 申泮文,张允什,袁华堂,等. 储氢材料新合成方法的研究——置换-扩散法合成Mg_2Cu[J]. 高等学校化学学报,1982.

[12] 申泮文,张允什,郑松,等. 置换-扩散法合成$Mg_2Ni_{0.75}Cu_{0.25}$[J]. 无机化学,1986.

[13] 李莉. 申泮文——中国当代无机化学奠基人之一[J]. 化工管理,2014.

[14] 车云霞. 申泮文先生和《化学元素周期表》[J]. 民主,1999.

[15] 中国化学会. 第八届全国大学化学研讨会论文集[C]. 郑州大学出版社,2005.

[16] 申泮文. 关于大一化学课程化学概论的讨论[J]. 大学化学,2009.

[17] 中国科学技术协会. 中国化学学科史[M]. 中国科学技术出版社,2010.

罗沛霖　中国技术科学思想的奠基者

[1] 刘大椿.科学活动论[M].中国人民大学出版社,2010.

[2] 朱军文.基础研究产出评价中的科学计量学方法探讨[C]//上海市科技统计协会.上海市第一届科技统计论文研讨会论文集.上海科学普及出版社,2010.

[3] 钱学森.论技术科学[J].科学通报,1957.

[4] 田长霖.对技术科学发展的几点看法[J].清华大学学报(自然科学版),1979.

[5] 冯之浚,张念椿.技术科学研究的重要作用[J].科研管理,1980.

[6] 陈昌曙.科学与技术的统一和差异[N].光明日报,1982-10-01;1982-01-15.

[7] 关士续.技术与创新研究[M].中国社会科学出版社,2005.

[8] 严济慈.中国科学院技术科学部报告[J].科学通报,1955.

[9] A.涅斯米扬诺夫,汪容,黄孝楷.自然科学与技术科学的成就与任务[J].科学通报,1954.

[10] 周行健.关于波兰技术科学研究的一些见闻[J].科学通报,1955.

[11] Д.B.费立夫,王新民,许志宏.保加利亚人民共和国技术科学的发展[J].科学通报,1956.

[12] U. Hofmann,徐成光.德意志民主共和国科学院技术科学领域的任务与目标[J].世界科学译刊,1979.

[13] 刘九如,唐静.行有则知无涯——罗沛霖传[M].上海交通大学出版社,2013.

[14] 郑哲敏.钱学森的技术科学思想[C]//中国科学技术协会学会学术部.钱学森科学贡献暨学术思想研讨会文集.中国科学技术出版社,2001.

[15] 罗沛霖.罗沛霖文集[C].电子工业出版社,2003.

[16] 张藜,刘洋.采访刘翔声录音整理稿(未刊),2012.

[17] 中国科学院秘书处.学习苏联先进科学——中国科学院访苏代表团报告汇刊[Z].中国科学院,1954.

[18] 白夜昕.前苏联技术科学数学化问题研究[J].自然辩证法研究,2011.

[19] 罗沛霖致钱学森的信[Z]. 复印件现藏于采集工程馆藏基地(北京理工大学图书馆内),1991.

[20] 王大珩,师昌绪,刘翔声. 中国科学院技术科学四十年[J]. 中国科学院院刊,1989.

叶培大　中国微波通信与光纤通信事业的开拓者

[1] K. C. Kao, G. A. Hockham. Dielectric-fibre Surface Waveguides for Optical Frequencies [J]. Proceedings of the Institution of Electrical Engineers, 1966.

[2] 北洋大学－天津大学校史编辑室:北洋大学－天津大学校史（第一卷）[M]. 天津大学出版社,1991.

[3] 叶培大. 杜黑特100千瓦电路的设计、安装与测试[J]. 电信建设,1951.

[4] 何明. 中国科学院第一批学部委员[M]. 中国大百科全书出版社,2010.

[5] 中国通信学会. 中国通信学科史[M]. 中国科学技术出版社,2010.

[6] 叶培大. H_{01}圆波导远距离传输理论(一)[J]. 电信科学,1960.

[7] 李斌. 与光同行——叶培大传略[M]. 北京邮电大学出版社,2005.

[8] 中国科学技术协会. 中国科学技术专家传略（电子通信计算机卷1）[M]. 电子工业出版社,1998.

[9] 北京邮电大学校史编委会. 北京邮电大学校史（1955–2005）[M]. 北京邮电大学出版社,2005.

[10] 叶培大,任晓敏. 重点学科与导师队伍的建设是提高研究生培养质量的关键[J]. 学位与研究生教育,1992.

人名对照表

（按外文姓氏的首字母排序）

A

安德雷德——E. N. da C. Andrade

安德鲁——Andrew

B

巴列金——Bareddin

巴特勒——W. Batler

贝克曼——C. D. Beckmaan

博林——J. T. Bolin

万尼瓦尔·布什——V. Bush

C

卡文迪许——H. Cavendish

F

福斯特——George Carey Foster

G

盖尔——Gale

格利菲斯——J. S. Griffith

H

哈尔弗德——R. H. Halford

豪尔——Hall

希特勒——Adolf Hitler

霍夫曼——Roald Hoffmann

K

卡门——Theodore Von Karman

肯布尔——E. C. Kemble

克莱因——F. Klein

开尔文——Kelvin

奈特——Knight

L

莱曼——T. Lyman

M

麦克斯韦——J. C. Maxwell

麦克卢汉——Marshall McLuhan

门特——J. W. Menter

马利肯——R. S. Mulliken

（1966年诺贝尔化学奖获得者）

N

李约瑟——Joseph Needham

诺伊斯——A. A. Noyes

O

奥罗万——E. Orowan

P

鲍林——Linus Pauling

戴维·佩恩——David Payne

波拉尼——M. Polanyi

R

瑞利——Rayleigh

里斯——Kim J. Rees

卢瑟福——Rutherford

S

萨拉姆——Abdus Salam

（1979年诺贝尔物理学奖获得者）

施莱辛——H. I. Schlesinger

施米特——E. Schmid

舍瑞尔——M. S. Sherrill

斯基伦——Richard Skillen

史密斯——Smith

萨格登——Sugden

T

J. J. 汤姆孙——J. J. Thomson

W. 汤姆孙——William Thomson

（开尔文，Kelvin）

泰勒——G. I. Taylor

V

伏希特——W. Voigt

伏肯斯坦——Volkenstein

W

威尔森——E. Bright Wilson